„Ohne das Wissen
um eine richtige Ernährung
ist es kaum möglich,
sich einer guten Gesundheit zu erfreuen."

Sun Si Mao, berühmter Arzt der Tang-Dynastie, 618–707 n. Chr.

Mit der 5-Elemente-Küche

durchs Jahr

Dr. Claudia Nichterl

avBUCH

Inhalt

Über dieses Buch

Die Ernährung nach der TCM (Traditionelle Chinesische Medizin) – auch 5-Elemente-Ernährung genannt – legt Wert auf regionale und saisonale Nahrungsmittel, im Idealfall aus biologischem Anbau. Ein wichtiger Grundsatz lautet: Was zu einer bestimmten Zeit bei uns wächst, tut auch unserem Körper gut. Jedes Jahr folgt einem festgelegten Rhythmus. Auf den Frühling folgen der Sommer, die Erntezeit, der Herbst und der Winter. Der Jahreslauf wiederholt sich immer wieder in gleicher Weise. Der menschliche Körper ist diesem Rhythmus der Natur angepasst.

In der Traditionellen Chinesischen Medizin werden den Jahreszeiten die fünf Elemente – Holz, Feuer, Erde, Metall und Wasser – zugeordnet, die gleichzeitig auch einen bestimmten Geschmack und bestimmte Organe unseres Körpers repräsentieren. Das erklärt auch anschaulich, warum wir in den verschiedenen Jahreszeiten unterschiedliche Ernährungsbedürfnisse haben. Im Frühjahr freuen wir uns auf das erste Grün und frische, munter machende Zutaten. Im heißen Sommer lieben wir Salate und kühlende, erfrischende Obstsorten. Zur Erntezeit nutzen wir Kürbis und Mais, um unserem Körper Kraft zu geben. Im Herbst und Winter bevorzugen wir warme Suppen, deftige Eintöpfe oder Sauerkraut. Unser Körper signalisiert uns, was uns gut tut.

Das Lebensmittelangebot in unseren Supermärkten ist allerdings immer gleich, und so ist uns – angebotsbedingt – das Wissen und auch die Intuition, was uns zu welcher Zeit gut tut, teilweise abhanden gekommen. Das ganze Jahr über sind die meisten Lebensmittel verfügbar, egal wie geschmackslos und wie weit gereist sie sind. Das Buch „Mit der 5-Elemente-Küche durchs Jahr" unterstützt Sie dabei, Ihren natürlichen Rhythmus wieder wahrzunehmen. Die bewusste Auswahl der Zutaten und die Art der Zubereitung fördern den Ausgleich und das Wohlbefinden.

„Mit der 5-Elemente-Küche durchs Jahr" ist ein Kochbuch für das ganze Jahr. Die Rezepte sind auf das saisonale und bei uns heimische Angebot ausgerichtet und ohne viel Aufwand nachzukochen. Hintergrundinformationen und Gesundheits-Tipps machen das Buch zu einem wertvollen Begleiter – für mehr Gesundheit und Wohlbefinden – das ganze Jahr über!

Guten Appetit wünscht

Claudia Nichterl

P.S.: Über Feedback würde ich mich freuen. Besuchen Sie dazu meine Website www.essenz.at oder schreiben Sie an beratung@essenz.at. Vielen Dank!

Das Gleichgewicht von Yin und Yang

Wohlfühlen mit der 5-Elemente-Küche

Kochen nach den fünf Elementen ist die praktische Umsetzung der Ernährungslehre der Traditionellen Chinesischen Medizin (TCM) für die westliche Küche. Immer mehr Menschen entdecken die Weisheit dieser Lehre und nutzen sie zur Stärkung des Körpers. Die 5-Elemente-Küche orientiert sich an den fünf Elementen oder Wandlungsphasen (Jahreszeiten) und teilt die Welt in Holz, Feuer, Erde, Metall und Wasser ein. Alles, was existiert, ist einem dieser Elemente zugeordnet.

Ergänzt wird diese Sichtweise durch die Philosophie von „Yin" und „Yang", den beiden Kräften, die höchst Unterschiedliches symbolisieren, jedoch ineinander fließen und einander unterstützen. „Yin" steht für die passive, weibliche und „Yang" für die aktive, männliche Energie. Eine Reihe weiterer gegensätzlicher Attribute werden dem Paar zugeschrieben – so steht „Yin" für dunkel, Schatten, kalt, unten. „Yang" dagegen steht für hell, Sonne, oben und warm.

„Yin" und „Yang" folgen aber keinem strikten Schwarzweiß-Schema, zwischen ihnen liegen viele nuancierte Grauzonen. Beide Energieformen bedingen einander, sie bilden eine Einheit. Gesundheit ist nach Auffassung der TCM ein Gleichgewicht von „Yin" und „Yang" bzw. zwischen Körper, Seele und Geist.

Ernährung als Therapie

Bei einer Krankheit ist dieses Gleichgewicht gestört. Bei beginnendem oder bestehendem Ungleichgewicht ist der ganzheitliche Ansatz der TCM sehr hilfreich. Als therapeutischer Maßnahme wird neben Akupunktur, Kräutertherapie und Bewegung (Qi Gong, Tai Chi, Tuina) der Ernährungstherapie (5-Elemente-Ernährung) ein sehr hoher Stellenwert eingeräumt. Über die Ernährung können einzelne Elemente – und damit bestimmte Organe – gestärkt oder entlastet werden. Lebensmittel werden nach dem „Yin/Yang-Prinzip", ihrem Geschmack (salzig, sauer, bitter, süß, scharf) und ihrer Thermik (heiß, warm, neutral, erfrischend, kalt) unterschieden. Die Zubereitungsform und Auswahl von Lebensmitteln mit bestimmtem Geschmack und/oder thermischer Wirkung helfen, „Yin" und „Yang" ins Gleichgewicht zu bringen. Idealerweise werden diese Prinzipien bereits vorbeugend angewendet. Kochen im Jahresverlauf ist hier der wichtigste Grundsatz.

Auf den Körper hören

Halten Sie öfters ein kleines Zwiegespräch mit Ihrem Körper und hören Sie auf seine Botschaften und Bedürfnisse. Hier ein paar Beispiele für die Sprache des Körpers:

- Schmerzen können bei Energiestau auftreten.
- Kältegefühle, Müdigkeit und Erschöpfung entstehen durch Energiemangel.
- Übermäßiges Hitzegefühl ist ein Zeichen von Energieüberschuss.
- Flüssigkeitseinlagerungen (z. B. schwere Beine) können durch Qi-Stau verursacht sein.

Energie tanken

Das Leben an sich wird in der TCM als Energie gesehen. „Qi" (auch „Chi") steht für die kosmische Energie (Lebensenergie), die alles und jeden durchfließt. So übt auch das gesamte Umfeld, welches den Menschen umgibt, Einfluss auf seine Lebensenergie aus. Nach den fünf Elementen kochen, bedeutet im Einklang mit den Jahreszeiten leben. Die fünf Elemente – Holz, Feuer, Metall, Wasser und Erde – repräsentieren die unterschiedlichen klimatischen und jahreszeitlichen Einflüsse. Das energetische Denkmodell der 5-Elemente-Ernährung fragt nicht nach Kalorien und dem Anteil an Fett, Kohlenhydraten oder Eiweiß in einer Speise. Einzig die Wirkung einer Speise interessiert: Wie fühle ich mich nach dem Essen? Warm und gestärkt? Müde oder schlapp? Bin ich ausreichend gesättigt und zufrieden? Ziel ist, dem Körper Energie („Qi") zuzuführen und ihn so bei den Anforderungen des Alltags zu unterstützen. Eine an die Jahreszeit angepasste Auswahl von Zutaten und Zubereitungsart fördert Wohlbefinden und Gesundheit.

5 Elemente – 5 Jahreszeiten

Wir Menschen sind Teil unserer Umwelt. Mit den anderen Menschen, Tieren, Pflanzen, geophysikalischen Gegebenheiten, mit Sonne, Mond, Planeten und Sternen bilden wir eine übergeordnete Einheit (Kosmos). Unser eigener Rhythmus ist eingebunden in die zahlreichen Wechselwirkungen der natürlichen Rhythmen. So verlaufen Herzschlag, Stoffwechsel etc. synchron zu den Bewegungen der Sonne und des Mondes. Im modernen Zeitalter haben wir die Verbundenheit mit der Natur in den Hintergrund gedrängt. Eine Rückbesinnung auf das saisonale Nahrungsangebot kann uns hier helfen, wieder zu unserem natürlichen Rhythmus zu finden. Eine gute Struktur dafür gibt uns das 5-Elemente-System der TCM.

Die fernöstliche Tradition kennt die fünf Elemente – Holz, Feuer, Erde, Metall und Wasser – die gemeinsam einen dynamischen Zyklus bilden und fließend ineinander übergehen. Die einzelnen Elemente haben jeweils spezifische Eigenschaften und Zuschreibungen. Den Elementen folgend entsteht bei den Jahreszeiten in der östlichen Tradition ebenfalls eine Teilung in fünf und nicht vier verschiedene Phasen. Der Grund dafür liegt im Chinesischen Kalender, der ein sogenannter Luni-Solarkalender ist, wo auch die Mondmonate berücksichtigt werden. Auch wenn dadurch die Jahreszeiten etwas verschoben sind, hat dieser Kalender durch den Bezug auf die energetischen Strömungen im Jahr auch bei uns seine Gültigkeit. Ein Beispiel: Der Frühlingsbeginn ist laut chinesischem Kalender am 13. Februar, nach unserem Kalender noch mitten im Winter. Trotzdem spüren wir schön langsam die Frühlingsenergie erwachen, die Tage werden länger, die ersten Schneeglöckchen blühen und auch die Vögel beginnen zu zwitschern. Ein schönes Zeichen für das Frühlingserwachen ist der 14. Februar. Ursprünglich ein Brauchtum der Römer (das Fest Lupercalia) ist der 14. Februar heute als Valentinstag bekannt und bringt farbige Blumen ins Haus.

Übersicht der Jahreszeiten nach TCM

Jahreszeit	Element	Zeitraum
Dojo-Zeit	Erde	28. Januar – 13. Februar
Frühling	Holz	14. Februar – 26. April
Dojo-Zeit	Erde	27. April – 16. Mai
Sommer	Feuer	17. Mai – 27. Juli
Dojo-Zeit	Erde	28. Juli – 18. August
Herbst	Metall	19. August – 29. Oktober
Dojo-Zeit	Erde	30. Oktober – 16. November
Winter	Wasser	17. November – 27. Januar

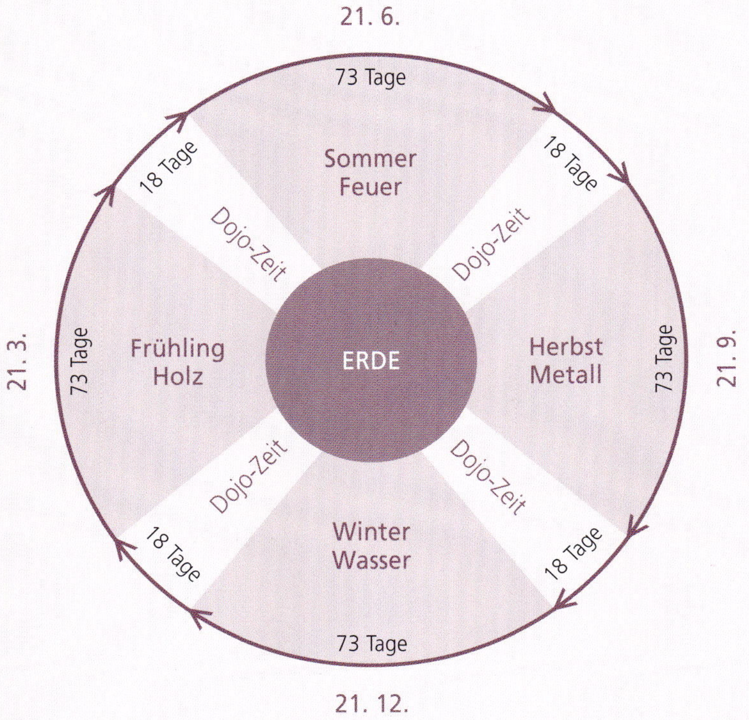

Der Jahresverlauf im chinesischen Kalender

Im chinesischen Kalender umfasst jede Jahreszeit einen Zeitraum von 73 Tagen. Ein Umlegen auf unseren Kalender geht am einfachsten, wenn wir unseren Jahreszeitenbeginn, z. B. Frühling am 21. März, nehmen und dann 36 Tage abziehen. So erhalten wir den chinesischen Frühlingsbeginn am 13. Februar (in Schaltjahren der 14. Februar). Zählen wir 36 Tage dazu, erhalten wir das Frühlings-Ende mit 26. April (in Schaltjahren der 25. April).
Zwischen den eigentlichen Jahreszeiten befinden sich die „Dojo-Zeiten", das sind 18-tägige Übergangszeiten, die uns auf die nächste Jahreszeit vorbereiten. So ist nicht nur die Erntezeit im Hochsommer (28. Juli – 18. August) eine Dojo-Zeit, sondern es gibt im Jahresverlauf drei weitere Dojo-Zeiten.

Dojo-Zeiten sind ideal, um sich körperlich und mit leichter Kost zu entlasten. Die Dojo-Zeiten werden dem Element Erde zugeordnet.

Thermische Wirkung

In der 5-Elemente-Küche werden Lebensmittel ihrer thermischen Wirkungsweise zugeordnet. Je nachdem, wie viel „Yin" oder „Yang" die Zutaten enthalten, gibt die thermische Wirkung Auskunft darüber, wie sich die Lebensmittel im Körper verhalten: heiß, warm, neutral, erfrischend oder kalt. Heiße und kalte Lebensmittel sollten nur in kleinen Mengen gegessen werden oder als Ausgleich zur heißen bzw. kalten

Knoblauch – wärmt ideal im Winter

Jahreszeit verwendet werden. Kalt sind z. B. Melonen, Gurken oder Tomaten, ideale Zutaten im Hochsommer, um den Körper zu kühlen. Heiß sind z. B. Chili, Glühwein oder Knoblauch, Zutaten, die im kalten Winter gut geeignet sind, um uns zu erwärmen. Über das Jahr gesehen sollte ein Großteil unserer Ernährung aus wärmenden, neutralen und erfrischenden Zutaten zusammengesetzt sein. Je nach Witterung und Jahreszeit bzw. persönlichem Befinden können einzelne Schwerpunkte auf erfrischend oder wärmend gelegt werden. Alle Rezepte in diesem Buch dienen der Gesunderhaltung und entsprechen der jeweiligen Jahreszeit. Sollten bei Ihnen bereits bestehende Ungleichgewichte oder Krankheiten vorliegen, wenden Sie sich bitte an ausgebildete Ernährungsberater oder TCM-Ärzte (Liste im Anhang).

Übersicht über die thermische Wirkung von Lebensmitteln

Thermische Wirkung	Verhalten im Körper
heiß	vertreibt Kälte aus dem Körper, erwärmt den Körper; vermeiden bei Bluthochdruck und übermäßigem Schwitzen
warm	erwärmt den Körper, dynamisiert und unterstützt das „Qi“
neutral	harmonisiert, baut Energie („Qi“) auf
erfrischend	kühlt den Körper leicht ab, unterstützt den Aufbau der Säfte (Blut, Lymphflüssigkeit, Gelenks- und Gehirnflüssigkeit, Tränenflüssigkeit)
kalt	vertreibt Hitze aus dem Körper, kühlt den Körper stark ab; vermeiden bei Kältegefühlen und Verdauungsstörungen

Melone – kühlt ideal im Hochsommer

Hilfreich ist auch die bewusste Auswahl der Kochmethode. So wirken alle wässrigen Kochmethoden, wie z. B. blanchieren, dünsten, mit Flüssigkeit kochen und das Würzen mit saftigen, grünen Kräutern, auf den Körper „yinisierend", das bedeutet erfrischend und den Säfte-Aufbau unterstützend. Kochmethoden wie (an)rösten, grillen, braten und würzen mit scharfen oder wärmenden Kräutern wirken „yangisierend", wärmen den Körper und geben Energie („Qi").

Geschmack

Neben der thermischen Wirkung werden Lebensmittel auch nach ihrem Geschmack geordnet. Der Geschmack repräsentiert gleichsam auch eines der fünf Elemente Holz, Feuer, Erde, Metall und Wasser, die für eine bestimmte Wirkung im Körper stehen. Auch in unseren Breiten ist der Zusammenhang von Geschmack und Gesundheit in Sprichworten wie „Sauer macht lustig" oder „Was bitter dem Mund, ist dem Herzen gesund" verewigt. In China heißt es: „Sauer reist zur Leber, bitter reist zum Herzen, süß reist zur Milz, scharf reist zur Lunge, salzig reist zu den Nieren."
Eine Übersicht über die Zuordnung der wichtigsten Lebensmittel und ihrer thermischen Wirkung finden Sie als Tabelle im Internet zum Download unter www.essenz.at/Tabelle.

Die 5 Elemente und ihre Zuordnungen

Element	Geschmack	Organ	Jahreszeit
Holz	sauer	Leber/Gallenblase	Frühling
Feuer	bitter	Herz/Dünndarm	Sommer
Erde	süß	Milz/Magen/Bauchspeicheldrüse	Erntezeit
Metall	scharf	Lunge/Dickdarm	Herbst
Wasser	salzig	Niere/Blase	Winter

Kochen im Kreis

Da alle Organe durch das Meridian-System verbunden sind, empfiehlt die 5-Elemente-Küche das sogenannte „Kochen im Kreis". Das dem Element zugeordnete Lebensmittel unterstützt durch seinen Geschmack das entsprechende Organpaar. Durch Einhaltung der Reihenfolge beim Kochen (Fütterungszyklus) werden alle Organe nacheinander gut versorgt und die Energie kann fließen. So „füttert" quasi jedes Lebensmittel – seinem Geschmack entsprechend – ein Organ mit Energie. In der Reihenfolge des Fütterungszyklus füttern sich dann alle Organe gegenseitig.
Wenn Sie Lust haben, probieren Sie es aus und achten Sie auf die Reihenfolge. Aber machen Sie sich keinen Stress mit dem Kochen „im Kreis herum". Kochen soll Freude machen, Entspannung bringen und zum Experimentieren anregen.
Das Kochen im Kreis herum sollte auch nicht dafür benutzt werden, dass ungesunde Kombinationen von Zutaten einen „gesunden Stempel" aufgedrückt bekommen. Essen wird nicht gesünder, nur weil es „im Zyklus" zubereitet ist – vielmehr beruht die positive Wirkung der 5-Elemente-Küche auf einer richtigen Kombination von qualitativ hochwertigen Zutaten und dem Wissen um Thermik und Geschmacksrichtung einzelner Lebensmitteln.

Lebensmittel und Geschmack

Geschmack ist eine sehr persönliche Sache und so gibt es gelegentlich unterschiedliche Zuordnungen von Lebensmitteln. Huhn wird z. B. bei manchen Autoren dem Metall-Element zugeordnet, andere (auch dieses Buch) ordnen es dem Holz-Element zu. Manche Lebensmittel weisen zwei oder drei Geschmacksqualitäten zugleich auf, wie z. B. Erdbeeren, die oft süß und zugleich auch etwas säuerlich schmecken. Sie können dann sowohl im Holz- als auch im Erdelement verwendet werden. Die Lebensmittel-Tabelle (Download unter www.essenz.at/Tabelle) kann eine Richtung vorgeben, sollte aber nicht dogmatisch oder einengend wirken. Befragen Sie Ihre eigene Zunge, experimentieren Sie mit Geschmack und Kombination von Zutaten!

Das Beste ist gerade gut genug!

Ein altes chinesisches Sprichwort sagt: „Das Essen ist für das Volk der Himmel". Egal ob wohlhabend oder nicht, in China legt man immer Wert auf eine gesunde und genussvolle Mahlzeit, die man idealerweise in entspannter Gemeinschaft genießt. Nahrung soll Freude und Genuss für Körper, Seele und Geist spenden. Neben der ästhetischen Gestaltung der Speisen – Sie kennen sicher die aufwändig geschnitzten Figuren aus Obst und Gemüse – spielt die Auswahl der Zutaten eine besondere Rolle. Nicht nur die Komposition der fünf Elemente, sondern auch die Frische der Zutaten ist wichtig. Nur frische Zutaten besitzen „Qi" und somit Lebensenergie. Das „Qi" in den Lebensmitteln wird von Klima, Anbau, Farbe und Form sowie einigen anderen Faktoren bestimmt. Es wird durch die Nahrungsaufnahme übertragen und wirkt dann auf das „Qi" des Menschen ein. Gönnen Sie sich also nur das Beste und achten Sie auf Qualität bei der Auswahl der Zutaten. Bevorzugen Sie frische und naturbelassene Lebensmittel – wenn möglich aus biologischer Produktion. Neben der Qualität der Rohstoffe sind auch Genuss und Regelmäßigkeit wichtige Parameter für eine gesunde Ernährung. Im hektischen Alltag sollten wir Zeit für unsere Mahlzeiten einplanen. Regelmäßige Nahrungsaufnahme ist eigentlich ein Privileg, das leider noch immer nicht alle Menschen auf dieser Welt besitzen. Genießen Sie Ihr Essen, spüren Sie die unterschiedlichen Geschmackserlebnisse und achten Sie auf Ihren Körper im Hinblick auf die Nahrungsmenge. Bei guter Qualität ist meist weniger ausreichend und wir können so Übergewicht vorbeugen. Ständiger Hunger und übermäßige Süßgelüste sind ein Zeichen von mangelnder Nahrungsqualität und unausgewogener Zusammensetzung der Speisen.

Nur frische, reife Früchte haben „Qi".

Kraftquelle Küche

Keine Zeit zum Kochen – kommt das auch bei Ihnen vor? Sich keine Zeit zum Kochen zu nehmen, bedeutet häufig auch, keine Zeit für sich zu haben. Dabei kann nicht nur das Essen selbst, sondern auch die Zubereitung der Nahrung eine wertvolle Kraftquelle darstellen. Nehmen Sie einmal bewusst wahr, wie sich die Oberfläche von Lebensmitteln anfühlt, erfreuen Sie sich an den abwechslungsreichen Farben der Zutaten und genießen Sie die unterschiedlichen Düfte von Gewürzen und Zutaten. Kochen wird so fast zu einer kleinen Meditation: Sie können Ihre Sinne sammeln, störende Gedanken ziehen lassen und zu sich und Ihrer Mitte finden. Und das Schönste daran: Ein köstliches Essen unterstützt Sie dann zusätzlich beim „Kraft Tanken".

Gebrauchsanweisung

Bevor Sie mit dem Kochen beginnen, hier einige Tipps und Erklärungen. Alle Rezepte sind für zwei Personen angegeben, außer es ist besonders vermerkt. Die Zutaten sind den jeweiligen Elementen nach Symbolen zugeordnet: Holz, Feuer, Erde, Metall und Wasser.

Die Rezepte in diesem Buch sind alle „im Kreis gekocht". Kochen soll aber Freude machen und kann gerne auch intuitiv erfolgen. Wenn Ihnen das Einhalten der Reihenfolge zu umständlich erscheint, achten Sie zumindest darauf, dass Sie Zutaten aus allen fünf Elementen verwenden und damit Ihre Ganzheit nähren. In jedem Element können Sie so viele einzelne Zutaten zugeben, wie Sie möchten. Der Kochvorgang kann auch in jedem beliebigen Element beendet werden, allerdings sollte einmal ein voller Kreis durchlaufen werden. Die zuletzt zugegebene Zutat spendet dem Körper laut TCM immer eine besondere Kraft. Das letzte Element (Geschmack) ist entscheidend dafür, welche Organe durch das Essen genährt und unterstützt werden und daher wird diese Zutat auch „Botschaftergeschmack" genannt. Möchten Sie also beispielsweise Ihren Nieren etwas Gutes tun, dann beenden Sie den Kochvorgang mit einer Zutat aus dem Wasserelement, z. B. einer Prise Salz. Die folgenden Rezepte sind für ein gesamtes Jahr im Jahresverlauf nach den fünf Elementen und den dazu gehörigen Jahreszeiten, Holz – Frühling, Feuer – Sommer, Erde – Erntezeit bzw. Dojo-Zeiten, Metall – Herbst und Wasser – Winter, gegliedert. Innerhalb der einzelnen Kapitel finden Sie jeweils zwei Frühstücks-Rezepte (süß und pikant), verschiedene Vor- und Hauptspeisen und zwei bis drei Desserts. Die Rezepte sind auf das saisonale und bei uns heimische Angebot an Zutaten ausgerichtet. Einleitend zu den Kapiteln finden Sie Hintergrundinformationen, eine Auswahl an Zutaten, einen speziellen Gesundheits-Tipp und eine Heilpflanze, die in der Jahreszeit besonders wichtig sind. Sollte eine angegebene Zutat einmal nicht vorhanden sein oder nicht Ihrem Geschmack entsprechen, so können Sie diese gerne austauschen. Oftmals finden Sie dazu Tipps und Hinweise bei den Rezepten. Noch ein Hinweis: Bitte verwenden Sie Zitrusfrüchte nur in Bio-Qualität, da häufig die Schale mitverarbeitet wird.

Element Holz

Frühling

Frühling (14. 2. – 26. 4.) – die Sinne erwachen

Nach dem langen Winter können wir ihn kaum erwarten: den Frühling. Ab Mitte Februar befinden wir uns im Zyklus der fünf Elemente in der Zeit des Holzes. "Holz" wird in der 5-Elemente-Lehre auch dem Neubeginn und der Kindheit zugeordnet und ist durch Lebendigkeit und schnelles Wachstum charakterisiert. Im Frühjahr sollen wir die im Winter nach innen gerichtete Speicher-Energie, die uns geschützt und gewärmt hat, wieder nach außen wenden und aktiv werden. Es vollzieht sich ein Wechsel vom weiblichen „Yin" zum männlichen „Yang".

Das ist anstrengend für den Körper, und wenn die Energie nicht aufsteigen, nicht frei fließen kann, dann kommt es zu Blockaden. Die Folgeerscheinungen sind dann Verspannungen, (Frühjahrs-)Müdigkeit, Kopfschmerzen, Neben- und Stirnhöhlenentzündungen, aber auch schlechte Laune und Hautunreinheiten.

Lassen Sie es also langsam angehen und unterstützen Sie Ihren Körper mit leichter, milder Ernährung. Vitamin- und mineralstoffreiche Kost mit viel Gemüse, fettarm zubereitet, stärkt das „Yin", unterstützt die Leber bei ihrer Entgiftungsfunktion und hilft beim Aufbau von Blut und Säften. Hilfreich ist, auf Alkohol und Süßigkeiten zu verzichten. So lässt sich der anstrengende Wechsel leichter verkraften und Ihr Körper wird es Ihnen danken. Fasten, also völliger Nahrungsentzug, wird in der TCM kritisch gesehen, weil es dem Körper weiter Energie entzieht anstatt ihn zu stärken. Gefastet wird in Asien vorwiegend aus spirituellen Gründen. Eine gute Unterstützung für den Stoffwechsel ist eine Trink-Kur mit heißem Wasser. Kochen Sie dazu Wasser im offenen Topf für 10 bis 15 Minuten. Füllen Sie dieses „süß gekochte" Wasser in eine Thermoskanne und trinken Sie es über den Tag verteilt in kleinen Schlucken. Diese Trink-Kur wirkt ausleitend, reduziert den Appetit und bringt ein wohlig angenehmes Gefühl in den Bauch.

Der beginnende Frühling ist auch eine gute Zeit, wieder raus an die frische Luft zu gehen und „eingerostete" Glieder zu bewegen. Eine lustvolle, prickelnde Energie macht sich breit und wer sich über die Wintermonate richtig ausgeruht hat, spürt „die Hummeln im Hintern". Es wurde genug geplant und vorbereitet – jetzt geht es raus in die Natur und in die Welt. Nutzen Sie in diesen Wochen die Zeichen der Natur und machen Sie es ihr nach: Erleben Sie einen neuen Frühling und blühen Sie auf!

Zutaten für das Element Holz

- Artischocke
- Spinat
- Mangold
- Stangensellerie
- Sellerie
- Frühlingskräuter (Löwenzahn, Bärlauch, Vogelmiere, Brennnessel, Giersch, Veilchen, Gänseblümchen)
- Petersilie
- Kresse
- Sprossen und Keimlinge
- Spargel
- Rhabarber
- Radieschen
- Rucola
- Vogerlsalat

Die Weisheit des fernen Ostens

Gegen Frühjahrsmüdigkeit und „Winterspeck" helfen nach TCM einige Tage Getreidekur. Damit wird der Körper entlastet und Sie fühlen sich gleich viel wohler.

Getreidekur – Anleitung

- Dauer der Kur: mindestens 3, maximal 12 Tage
- Entscheiden Sie sich für eine Reis- oder Getreidesorte (Gerste, Basmati, Hirse, Buchweizen, ...) und essen Sie davon täglich ca. 150 g (Trockengewicht), aufgeteilt auf 3 bis 4 Mahlzeiten, ergänzt mit gedünstetem Gemüse (soviel Sie möchten) oder Obst (max. 500 g). Das Getreide können Sie für 1 bis 2 Tage vorkochen, Gemüse oder Obst sollte immer frisch zubereitet werden.
- Ergänzen Sie die Speisen mit hochwertigen Ölen (Leinöl, Olivenöl, Sesamöl, Kürbiskernöl, ...), Sonnenblumenkernen, Kürbiskernen oder Sesamsamen.
- Bei Hungergefühl: Bohnen, Linsen oder Tofu in den Speiseplan mit aufnehmen.
- Zum Süßen: Trockenfrüchte mitkochen oder etwas Honig dazugeben.
- Würzen: mit frischen Kräutern und Gewürzen, Kresse, Sprossen.
- Ausreichend trinken: z. B. heißes Wasser, Kräutertee (Brennnessel, Zinnkraut, Schafgarbe, Melisse, Mariendistel, eine Mischung aus Himbeer- und Brombeerblättern). Wenn Sie zu Kältegefühlen neigen: Kümmel-, Anis- oder Fencheltee.
- Verzichten Sie während der Kur auf folgende Lebensmittel: Zucker, Milchprodukte, Alkohol, Kaffee, tierisches Eiweiß, Rohkost, Brot und Gebäck, Kartoffel.

Heilpflanze der Jahreszeit – die Brennnessel

Die große Brennnessel *(Urtica dioica)* gilt als Königin unter den Heilpflanzen. Die als Unkraut verpönte Pflanze wirkt als Tee stärkend und reinigend. Brennnesseln enthalten viel Vitamin C, Eisen, Kalium, Magnesium und Kieselsäure – das alles unterstützt die harntreibende, Blut reinigende und aufbauende Wirkung.

So bereiten Sie Ihren Tee: 1 bis 2 TL getrocknete oder frische Brennnessel-Blätter mit 250 ml Wasser aufkochen, 10 Minuten ziehen lassen, abseihen und am besten morgens trinken. Sie können täglich bis zu einem Liter Tee für maximal 6 Wochen trinken. Bitte Vorsicht bei zu hohem Blutdruck! Alternativ können Sie auch 3 x täglich 1 EL Brennnessel-Saft aus dem Reformhaus einnehmen.

Rhabarber-Toast „überbacken"

4 Scheiben Vollkorn-Toastbrot
Butter für die Form
2 Eier
1/2 TL Vanillezucker oder
etwas Mark von
einer Vanilleschote
200 ml (Soja- oder Reis-) Milch
3 EL Zucker

1/2 TL Nelkenpulver

1 Prise Salz

2 Stangen Rhabarber
50 g Frischkäse oder Ricotta

Schale einer halben Zitrone

Den Backofen auf 200 °C vorheizen. Die Toastbrotscheiben mit dem Teigroller möglichst dünn ausrollen. Eine Auflaufform mit Butter ausstreichen. Rhabarber waschen und die Stiele in Stücke schneiden, die etwas länger als eine Toastbrotscheibe sind. Die Toastscheiben mit 1 bis 2 Rhabarberstangen belegen, einrollen und in die Auflaufform setzen. Die Eier mit Vanillezucker oder Vanillemark, (Soja- oder Reis-) Milch, Zucker, Nelkenpulver, Frischkäse oder Ricotta und geriebener Zitronenschale gut verquirlen und über die Brotrollen gießen. Den Auflauf im Backofen 25 bis 30 Minuten goldbraun backen. Am besten heiß servieren.

Rhabarber

Wenn man Rhabarberstangen auf dem Markt entdeckt, dann ist der Winter wirklich vorbei. Rhabarber kann auf eine lange Tradition als Heilpflanze zurückblicken. Der Chinesische Rhabarber *(Rheum officinale)* wird bereits seit 4.000 Jahren in China als Arznei verwendet. Die TCM nutzt bis heute getrocknete Rhabarberwurzeln für Kräuter-Rezepturen. Die Wirkung ist ausleitend, austrocknend, Blut bewegend, entgiftend, und sie leitet Hitze ab. Die Rhabarber-Wurzel ist eine „Yin-Substanz". Sie erleichtert, nach entsprechender pharmazeutischer Aufbereitung, den Körper von seiner „Schwere". Auch in der westlichen Medizin gilt Rhabarber als gesund, blutreinigend, entschlackend und harntreibend. Rhabarber ist reich an Phosphor, Eisen, Kalium und Kalzium.

Gebratener Eier-Reis mit Sprossen

2 EL Olivenöl
2 Eier

2 Tassen Reis, gekocht
Pfeffer aus der Mühle

1 Prise Salz
50 g Schinken,
fein geschnitten

1 Handvoll Sprossen oder
Keimlinge (z. B. Soja- oder
Alfalfa-Sprossen)

1 Prise Paprika- oder
Bockshornkleesamenpulver

In einer großen Pfanne Olivenöl erhitzen und den Reis kurz darin anbraten. Die Eier in einer Schüssel mit der Gabel verquirlen und zum Reis geben. Alles gut durchrühren und braten. Mit Pfeffer und Salz abschmecken.

Dann den fein geschnittenen Schinken zugeben und kurz mit braten. Zum Schluss die Sprossen unterrühren und mit Paprika- oder Bockshornkleesamenpulver würzen.

Keimlinge und Sprossen

Seit Jahrtausenden bringen Sprossen und Keimlinge geschmackvolle Frischkost auf den Speiseplan. Zum Keimen eignen sich Getreide (Gerste, Weizen, Dinkel, Nackthafer, Buchweizen, Hirse), Hülsenfrüchte (Linsen, Kichererbsen, Mungbohnen, Azukibohnen, Sojabohnen) oder auch Samen von Alfalfa, Radieschen, Senf, Rettich, Bockshornklee, Leinsamen oder Sonnenblumen. Durch Wärme, Feuchtigkeit und Licht beginnen die Samen zu keimen und innerhalb weniger Stunden vermehren sich die enthaltenen Enzyme um ein Vielfaches. Nährstoffe werden umgebaut, neue Nährstoffe wie essenzielle Aminosäuren entstehen und auch der Gehalt an Vitaminen erhöht sich enorm. Wichtig: Verwenden Sie bitte nur biologisches Saatgut zum Keimen. Konventionelle Samen können mit Pestiziden behandelt sein!

Bunter Spargelsalat mit roten Linsen

100 g rote Linsen
1 Prise Salz
200 ml Wasser

500 g grüner Spargel
2 EL Rapsöl

1 rote Zwiebel
Pfeffer aus der Mühle
1 Bund Schnittlauch

2 EL Weinessig

1 TL Curcumapulver
(Gelbwurz)

Die Linsen waschen und mit 200 ml Wasser bei mittlerer Hitze zugedeckt 10 Minuten weich kochen. Bei Bedarf etwas Wasser nachgießen.

Den Spargel waschen, die Enden abschneiden und schräg in etwa 5 cm lange Stücke schneiden. Die Spargelstücke in Salzwasser 5 bis 10 Minuten bissfest garen.

Die Zwiebel schälen, halbieren und in dünne Scheiben schneiden. Den abgetropften Spargel und die Zwiebelringe mit den Linsen vermischen und kurz ziehen lassen.

Den Salat mit Essig, Curcumapulver, Rapsöl, Pfeffer und Salz gut vermischen. Schnittlauch in Röllchen schneiden und den Salat damit bestreuen.

Küchentipp

Wenn die Spargelsaison vorbei ist, schmeckt dieser Salat auch sehr gut mit kurz gedünsteten Stangensellerie- oder Zucchinischeiben.

Mariniertes Frühlingsgemüse auf Rucola

4 Karotten
2 EL Sesamöl
2 EL Sesamsamen
1 TL Zucker
2 EL Rapsöl

1 Bund Radieschen

Pfeffer aus der Mühle
1 daumengroßes Stück Ingwer, fein gehackt oder geraspelt

1 Prise Salz
3 EL Essig
2 EL Sojasauce
1/2 Bund Koriandergrün oder Petersilie

2 Handvoll Rucola

Karotten schälen, halbieren, vierteln und in 2 cm lange Stifte schneiden. Die Karottenstifte im Dampfgarer oder in etwas Wasser bissfest kochen.

Die Radieschen waschen, putzen und in dünne Scheiben schneiden oder hobeln. Die Scheiben auf einem Teller mit einer Marinade aus Sesamöl, Sesam, Zucker, Pfeffer, Salz und Essig kurz marinieren. Die Karottenstifte ebenfalls auf einen Teller oder in eine Schüssel geben und in einer Marinade aus Rapsöl, gehacktem Ingwer, Salz und Sojasauce kurz ziehen lassen. Koriander oder Petersilie waschen, trocken schütteln, fein hacken und je zur Hälfte zu den Salaten geben.

Rucola waschen, trocken schütteln und auf zwei Tellern mit den Salaten anrichten.

Frühlingssalate

Diese Salate helfen sehr gut bei Völlegefühl und träger Verdauung. Radieschen wirken in Verbindung mit dem Essig entgiftend und entschlackend. Karotten stärken die Milzfunktion und das Herz, senken Blutdruck und Blutfette.

Eiersalat mit Kräutern und Oliven

2 Stangen Sellerie oder
1 Handvoll Brokkoli
4 hart gekochte Eier

1 Frühlingszwiebel
Pfeffer aus der Mühle
1 EL scharfer Senf
1 Becher Kresse

10 grüne Oliven
2 Handvoll Rucola- oder Vogerlsalat

1 Prise Salz

2 EL (Schafmilch-) Joghurt
1/2 Bund Petersilie

Selleriestangen waschen, Enden abschneiden und in dünne Scheiben schneiden. Alternativ Brokkoli in kleine Röschen zerteilen und kurz in Salzwasser blanchieren.

Eier schälen und fein hacken. Frühlingszwiebel waschen und den grünen Teil in dünne Ringe schneiden, den weißen Teil fein hacken. Oliven entkernen und fein hacken.

In einer Schüssel die Eier mit Zwiebeln, Sellerie bzw. Brokkoli vermengen. Mit Pfeffer, Senf, Salz, Joghurt und Oliven würzen und alles gut vermischen. Petersilie fein hacken, Kresse abschneiden und zum Eiersalat geben. Nochmals gut durchrühren und auf Rucola- oder Vogerlsalat anrichten.

Küchentipp

Dieser Salat ist gut zur Verwertung von Ostereiern geeignet. Er schmeckt auch köstlich mit frischen Frühlingskräutern, wie z. B. Löwenzahn, Brennnesselspitzen, Bärlauch, Minze oder Melisse. Mit Roggenbrot oder gekochten Kartoffeln servieren.

Spinatsalat mit Karotten und Räuchertofu

2 Karotten
4 EL Sesamsamen
4 EL Sesamöl

150 g Räuchertofu
1 Prise Salz

2 Handvoll junger Blattspinat
4 EL Apfelessig
Saft einer Orange

2 Handvoll Rucola

Pfeffer aus der Mühle

Karotten waschen und grob raspeln. Räuchertofu in Würfel schneiden. 2 EL Sesamöl in einer Pfanne erhitzen und den Tofu knusprig braten. Im Bratrückstand kurz die Karottenraspeln andünsten. Tofu und Karotten auskühlen lassen.

Spinat und Rucola waschen, abtrocknen und in einer Salatschüssel mit den Karottenraspeln und Tofu gut vermischen. Aus Sesamsamen, 2 EL Sesamöl, Pfeffer, Salz und Orangensaft eine Marinade bereiten. Marinade über den Salat geben und vorsichtig durchmischen.

Spinat

Die jungen Blätter vom ersten Spinat sind gut als Salat geeignet. Sie wirken erfrischend und unterstützen die Blutbildung. Spinat ist kalorienarm, er ist reich an den Vitaminen B1, B2, C, Folsäure und Beta-Carotin (Vorstufe von Vitamin A) und den Mineralstoffen Kalium, Kalzium, Magnesium, Phosphor, Eisen und Mangan. In Frankreich hat Spinat aufgrund seiner reinigenden Wirkung auf Magenschleimhaut und Galle den Beinamen „Besen des Magens".

Bärlauch-Pesto

3–4 Portionen

100 g frische Bärlauchblätter
70 g Parmesan

30 g Pinienkerne
100 ml Olivenöl

Pfeffer aus der Mühle

1 Prise Salz

Saft einer Zitrone

Bärlauch waschen, auf einem Küchentuch gut abtrocknen und in Streifen schneiden. Eine beschichtete Pfanne erhitzen, die Pinienkerne anrösten und dann auskühlen lassen.

Die Bärlauchblätter mit dem Olivenöl im Mixer pürieren. Dann Pinienkerne, Pfeffer, Salz, Zitronensaft und Parmesan zugeben und nochmals kurz pürieren. Das Pesto in ein Glas geben und mit einer dünnen Schicht Olivenöl bedecken.

Ungeöffnet hält das Pesto im Kühlschrank wochenlang. Nach dem Öffnen binnen 2 bis 3 Tagen verbrauchen.

Bärlauch

Der Duft des „wilden Knoblauchs" zieht ab März durch unsere Wälder und Auen. An Inhaltsstoffen ist Bärlauch reich an Vitamin C, Eisen, Magnesium und Mangan. Durch seine desinfizierende Wirkung im Darmbereich eignet er sich hervorragend für eine Frühjahrskur. Er wirkt antibakteriell, harntreibend, entblähend und verdauungsfördernd, senkt den Cholesterinspiegel und schützt vor Krebserkrankungen. Früher wurde er auch als Entwurmungsmittel verwendet.

Austernpilze aus dem Backofen

300 g Austernpilze
50 ml Olivenöl

1 Bund Petersilie
Saft einer halben Zitrone

1 Knoblauchzehe
Pfeffer aus der Mühle

1 Prise Salz

1 Prise Paprikapulver

Den Backofen auf 220 °C vorheizen.

Die Austernpilze mit einem feuchten Tuch säubern, auf ein mit Backpapier ausgelegtes Backblech verteilen und für 7 bis 10 Minuten backen.

Dann die Pilze aus dem Ofen nehmen und in eine Schüssel geben. Petersilie waschen und fein hacken. Knoblauchzehe pressen. Aus Olivenöl, Pfeffer, Knoblauch, Zitronensaft, Petersilie und Paprikapulver ein Dressing zubereiten und die warmen Pilze damit marinieren.

Austernpilze

Austernpilze enthalten viel Vitamin C, Folsäure, Vitamine der B-Gruppe und hochwertiges pflanzliches Eiweiß. Die Chinesische Medizin nutzt Austernpilze seit Jahrhunderten. Sie stärken die Leber und senken Blutfette und Cholesterin.

„Grünes" Huhn mit Gemüse-Hirse

3–4 Portionen

1 Tasse Hirse
4 EL Olivenöl
4 EL Pinienkerne oder Mandelstifte
200 g Spinat, 200 g Mangold
4 Stangen Sellerie, 2 Karotten

1 daumengroßes Stück Ingwer
1/2 Chilischote
1 TL Koriander, gemahlen
1 TL Kreuzkümmel, gemahlen
Pfeffer aus der Mühle
1 (Frühlings-) Zwiebel

1 Prise Salz, 2 Tassen Wasser
ev. etwas Wasser oder Gemüsebrühe zum Aufgießen

250 g Hühnerbrust
1/2 Zitrone, 1 Bund Petersilie

1 TL Curcumapulver (Gelbwurz)
1 EL Basilikum, getrocknet

Hirse waschen und mit der doppelten Menge Wasser in einem Topf aufkochen. Zugedeckt auf kleiner Flamme 15 bis 20 Minuten weich kochen. 2 EL Olivenöl in einer großen Pfanne erhitzen. Hühnerbrust in kleine Würfel schneiden und im Öl knusprig anbraten. Pinienkerne oder Mandelstifte zugeben und mitbraten. Ingwer und Chilischote fein hacken und mit Koriander, Kreuzkümmel und Curcumapulver zum Hühnerfleisch geben. Gut durchrühren, mit Pfeffer und Salz abschmecken und für etwa 10 Minuten braten. Mangold waschen, die Stiele in dünne Streifen schneiden und zum Huhn geben. Spinat waschen und von den groben Stielen befreien. Zum Schluss die Mangoldblätter in Streifen schneiden und mit dem Spinat zum Huhn geben. Alles gut durchrühren, bei Bedarf etwas Wasser oder Gemüsebrühe zugießen und 2 bis 3 Minuten braten.

Für die Gemüsehirse Stangensellerie, Karotten und (Frühlings-) Zwiebel waschen, putzen und in Scheiben schneiden. Das restliche Olivenöl in einer großen Pfanne erhitzen. Zwiebel kurz anrösten, Stangensellerie und Karotten zugeben, kurz dünsten, mit Pfeffer und Salz abschmecken. Bei Bedarf etwas Wasser oder Gemüsebrühe zugießen, mit Basilikum würzen und kurz dünsten. Die Petersilie waschen, fein hacken und mit der gekochten Hirse unterheben. Huhn mit Gemüsehirse anrichten.

Kichererbsen-Couscous mit Spargel

150 g Kichererbsen
200 ml Wasser oder
Gemüsebrühe
1 Prise Salz

100 g Couscous
250 g grüner Spargel
2 EL Olivenöl

2 Scheiben Ingwer
Pfeffer aus der Mühle
1/2 Chilischote oder
1 Prise Cayennepfeffer
1/2 Bund Pfefferminze

1 Handvoll Cocktail-Tomaten
1/2 Bund Petersilie
Saft einer Zitrone

1 TL Paprikapulver

Kichererbsen mindestens 8 Stunden einweichen, abgießen, gut durchspülen und mit frischem Wasser aufkochen. Ingwer zugeben und zugedeckt 40 bis 50 Minuten weich kochen. Entstehenden Schaum abschöpfen. Den Couscous in eine Schüssel geben, mit 200 ml heißem Wasser oder Gemüsebrühe übergießen und 5 bis 10 Minuten quellen lassen. Dann mit einer Gabel auflockern. Kichererbsen in ein Sieb gießen, abspülen und abtropfen lassen. Den Spargel waschen, die Enden abschneiden und in etwa 1 cm dicke Scheiben schneiden. Olivenöl in einer Pfanne erhitzen und die Spargelstücke kräftig anbraten. Cocktail-Tomaten waschen, zum Spargel geben und 1 bis 2 Minuten mitbraten, bis sie aufplatzen. Couscous mit den Spargelstücken in eine Schüssel geben, alles gut vermischen und mit Pfeffer, gehackter Chilischote und Salz abschmecken. Die Kichererbsen zugeben, mit Zitronensaft und Paprikapulver würzen. Zum Schluss Petersilie und Minze fein hacken und unterrühren.

Spargel

Die im Spargel enthaltene Aminosäure Asparaginsäure fördert die Nierentätigkeit, ist stark harntreibend und unterstützt die Leber bei der Entgiftungsarbeit. Spargel ist besonders reich an Folsäure, die wichtig für die Bildung und Reifung der roten Blutkörperchen ist. Er enthält weiters verschiedene bioaktive Substanzen, die krebsvorbeugend, bakterienhemmend und cholesterinsenkend wirken.

Fischfilet mit Frühlings-Gemüse

2 Karotten
1/2 Sellerieknolle
2 Handvoll Blattspinat
2 EL Olivenöl

250 g Fischfilet (Forelle, Saibling, Zander, Lachs, …)
1 Prise Salz

Pfeffer aus der Mühle
1 EL geriebener Kren
1 Zweig frisches Dillkraut

Saft einer Zitrone

100 ml heißes Wasser oder Gemüsebrühe

Karotten waschen und in dünne Streifen schneiden. Sellerie schälen und ebenfalls in dünne Streifen schneiden. Spinat waschen und grobe Stiele entfernen.

Fischfilet waschen, trocken tupfen und mit Pfeffer und Salz würzen.

Eine Pfanne mit Olivenöl erhitzen und die Karotten- und Selleriestreifen darin 5 Minuten anbraten. Mit Wasser oder Gemüsebrühe aufgießen und Spinat dazu geben. Das Fischfilet auf das Gemüse legen und zugedeckt etwa 10 Minuten dünsten. Dann den Fisch herausnehmen und warm halten. Den geriebenen Kren unter das Gemüse rühren und mit Pfeffer, Salz und Zitronensaft abschmecken. Gemüse auf zwei Teller verteilen, Fisch darauf anrichten und mit Dille garniert servieren.

Küchentipp

Als Beilage gekochtes Getreide (Hirse, Reis, Quinoa) oder Petersilien-Kartoffeln reichen.

Birnen-Schokolade-Biskuit

6–8 Portionen

4 Eier
80 g Staubzucker
150 ml Schlagobers
5 Birnen

80 g Dinkel- oder Weizenmehl
Saft einer Zitrone
200 g Frischkäse oder Crème Double

4 Gewürznelken

1 Prise Salz
etwas Wasser

100 g Bitterschokolade (mind. 70 % Kakaoanteil)
3–4 EL Obstbrand (Williamsbirne) oder Rum

Für das Biskuit den Backofen auf 180 °C vorheizen. Die Eier trennen und das Eiklar mit einer Prise Salz steif schlagen. Staubzucker in den steifen Schnee nach und nach einrühren und dann Dotter und Mehl leicht unterheben. Backblech mit Backpapier auslegen und den Teig gleichmäßig darauf verteilen. Biskuit 12 bis 15 Minuten goldgelb backen.

Schlagobers in einem Topf erhitzen und die Schokolade bei geringer Hitze unter Rühren darin auflösen. Schokoladecreme dann auskühlen lassen.

Die Birnen schälen, vierteln, entkernen und grob würfeln. Die Birnenstücke mit Nelken, etwas Wasser und Zitronensaft etwa 5 Minuten zugedeckt weich kochen. Mit einer Gabel die Birnen zu einem groben Mus zerdrücken und abkühlen lassen.

Das Birnen-Schokolade-Biskuit entweder in einer Auflaufform – ähnlich einem Tiramisu – oder in einzelnen Förmchen/Gläschen wie folgt anrichten: Zuerst eine Lage Biskuit, diese mit Obstbrand oder Rum beträufeln, darauf im Wechsel je eine Schicht Birnenmus, eine Schicht Schokosauce, eine Schicht Frischkäse und wieder Biskuit geben. Mindestens 4 Stunden im Kühlschrank durchziehen lassen.

Grieß-Flammeri mit Rhabarber-Sauce

250 ml (Soja- oder Reis-) Milch
6 EL Honig
2 Eier
250 ml (Soja-) Schlagobers
80 ml Apfelsaft

1/2 TL Kardamompulver

1 Prise Salz

40 g Dinkel- oder Kamutgrieß
300 g Rhabarber

Schale einer Zitrone

Milch mit 3 EL Honig, Kardamom und einer Prise Salz aufkochen. Den Grieß und die geriebene Zitronenschale einrühren und unter Rühren zu einem sämigen Brei einkochen. Eier trennen. Eiklar zu steifem Schnee schlagen. Grießbrei vom Herd nehmen und zuerst die Eidotter und dann den Eischnee unterheben. Schlagobers aufschlagen und kurz vor dem Festwerden unter den Grießbrei ziehen. Die Masse in mit kaltem Wasser ausgespülte Förmchen füllen und im Kühlschrank fest werden lassen.

Für die Rhabarber-Sauce den Rhabarber waschen, schälen und in 2 cm lange Stücke schneiden. Apfelsaft erhitzen, die Rhabarberstücke darin weich dünsten und dann pürieren. Die Sauce mit 3 EL Honig abschmecken.

Zum Anrichten die Förmchen mit dem Grieß-Flammeri kurz in heißes Wasser tauchen, auf ein Teller stürzen und mit der Sauce servieren.

Küchentipp

Statt Rhabarber kann auch ein anderes Fruchtmus, z. B. von Erdbeeren, Himbeeren, Heidelbeeren oder Sanddorn, verwendet werden.

Löwenzahn-Honig

4–6 Schraubgläser

300 g Löwenzahnblüten
2 kg Zucker

Pfeffer aus der Mühle
1 Stück Ingwer, ca. 5 cm lang

2 Liter Wasser

2 Zitronen

1 EL geriebene Orangenschale

Die Blütenblätter aus den grünen Körbchen zupfen und im Wasser kurz aufkochen.

Über Nacht ziehen lassen und dann durch ein Leinentuch abseihen und dabei auspressen.

Diesen Blütenauszug wieder aufkochen. Zucker zugeben, Ingwer und Zitronen in Scheiben schneiden und mit der geriebenen Orangenschale zugeben. Auf kleinster Flamme 3 bis 4 Stunden eindicken.

Es entsteht ein aromatischer Sirup – der „Honig", der in saubere Schraubgläser gefüllt für 3 bis 4 Monate haltbar ist.

Löwenzahn

Der Löwenzahn ist ein echter Tausendsassa unter den Frühjahrspflanzen. Er bringt die Körpersäfte in Schwung, reinigt das Blut, wirkt harntreibend und senkt den Blutdruck. Löwenzahn-Honig wirkt stärkend auf den Körper und schmeckt als Brotaufstrich, pur gelöffelt oder als Süßungsmittel für Tee oder Getreidebrei.

Element Feuer

Sommer

Sommer (17. 5. – 28. 7.) – im Höhepunkt des Yang

Endlich ist er da: der Sommer. Und wie schnell das plötzlich ging. Es ist herrlich warm und wir erfreuen uns an den langen, hellen Sommertagen. Mehr braucht man nicht, um glücklich zu sein. In der TCM wird dem Sommer die Energieform „Yang" zugeordnet. „Yang" steht für männlich, aber auch für Hitze, Offenheit, Tatendrang und Aktivität. Das zugeordnete Element ist das Feuer und die zugeordneten Organe sind Herz und Dünndarm.

Durch erfrischende Nahrung wird die Hitze des Sommers ausgeglichen. Zusätzlich gilt es im Sommer darauf zu achten, dass die Körpersäfte bewahrt und der Körper vor Austrocknung geschützt wird. Ein Zeichen für verminderte Körpersäfte sind Kreislaufprobleme, Schwindelgefühle, eingeschlafene Hände und/oder Füße, brennende Augen, aber auch Krämpfe und Müdigkeit. Wir können unsere Körpersäfte fast ausschließlich über unsere Nahrung aufbauen, vor allem durch gekochte Nahrung, die „suppig und saftig" zubereitet ist. Aus Suppen, Eintöpfen, Antipasti, Kompott oder Fruchtmus kann der Körper besser Säfte (und damit auch Blut) bilden, als durch Rohkost und trockene Mahlzeiten (wie z. B. Käsebrote). Ausreichend Wassertrinken unterstützt ebenfalls den Kreislauf. Auch wenn es im Sommer eine Herausforderung ist: Achten Sie darauf, nicht zuviel rohe, kalte Mahlzeiten zu essen. Bei Hitze sind die kühlenden, erfrischenden Salate und Rohkost zwar verführerisch, aber viele Menschen haben ein schwaches „Milz-Qi", was bedeutet, dass sie zu wenig „Verdauungsfeuer" haben, um große Mengen Rohkost und kalte Mahlzeiten zu verdauen. Verdauungsstörungen (Völlegefühl, Reizdarm-Symptome, Blähungen, Durchfall etc.) sind die Folge. Das lässt sich vermeiden, indem Sie auch im Sommer gekochte, gedämpfte oder blanchierte Zutaten bevorzugen. Beispiele finden Sie in der mediterranen oder asiatischen Küche mit Antipasti, Fisch oder Huhn mit Gemüse, knackigen Wok-Gerichten, Couscous-Gemüse-Salaten etc.

Vielfalt ist das Zauberwort der Natur im Sommer. Garten und Markt sind übervoll mit verschiedenstem Gemüse, Obst und Kräutern. Süße rote Früchte und saftige Fruchtgemüse geben den Ton an.

Zutaten für das Element Feuer

- (Früh-) Kartoffeln
- Spargel
- Erbsen
- Karotten
- Tomaten
- Zucchini
- Kohlrabi
- frische Kräuter (Petersilie, Dille, Schnittlauch, Basilikum, Kerbel, Majoran, Thymian, Minze, Melisse, Salbei)
- Erdbeeren
- Himbeeren
- Heidelbeeren
- Johannisbeeren/Ribisel
- Kirschen
- Stachelbeeren
- Marillen
- Pfirsiche

Die Weisheit des fernen Ostens

Bewegungen können helfen, die Energie des Herzens zu befreien und in Fluss zu bringen, besonders wenn wir Oberkörper und Arme einsetzen, wie z. B. beim Schwimmen oder Tanzen. Eine wichtige Qi Gong-Übung ist der „Lungenfeger", der am besten morgens vor dem geöffneten Fenster oder auf dem Balkon ausgeführt wird: Atmen Sie tief durch die Nase ein und stoßen Sie dann die Luft gepresst mit einem P-Laut heraus, bis die Lunge ganz leer ist. Nochmals tief einatmen und wieder ausstoßen. Wiederholen Sie diese Übung zehn mal. Mit dieser „Sauerstoffdusche" können Sie den Tag gestärkt beginnen. Und vergessen Sie nicht: Lassen Sie Ihr Herz aufgehen!

Heilpflanze der Jahreszeit – Petersilie

Die Petersilie wurde bereits im antiken Griechenland und Rom aufgrund ihrer harntreibenden, verdauungs- und menstruationsfördernden Wirkung als Heilpflanze verwendet. In der TCM wird sie als Stärkungsmittel und für den Blut- und Säfte-Aufbau eingesetzt. Genießen Sie im Sommer reichlich Petersilie – für Salate, Eintöpfe und Gemüsespeisen. Bei Gicht, Arthritis und Rheuma ist Petersilien-Tee hilfreich, weil Petersilie für einen verbesserten Abtransport von Stoffwechselschlacken aus den entzündeten Gelenken sorgt. Für den Tee einen halben Bund Petersilie waschen und grob in Stücke schneiden. Einen halben Liter Wasser mit der Petersilie einmal kurz aufkochen und zugedeckt 5 bis 10 Minuten ziehen lassen. Den Tee abseihen und auf den Tag verteilt trinken. Vorsicht: Schwangere und Menschen mit Nierenentzündungen sollten Petersilie im Übermaß meiden.

Polenta-Sonne mit Kirschen-Kompott

(Rezeptfoto auf Seite 4)

3–4 Portionen

1 Tasse Polenta (Maisgrieß)
3 Tassen (Reis-) Milch
500 g süße Kirschen
1 Prise Zimt
1 EL Pfeilwurzelmehl
oder Kuzu
Honig nach Geschmack

1 TL Ingwer, gerieben
1 Prise Salz
100 ml Wasser

2 Gewürznelken

Saft einer Zitrone

Schale einer Zitrone

Polenta in einem Topf mit der (Reis-) Milch verrühren und aufkochen. Mit Ingwer, Salz, der Hälfte des Zitronensafts und der Zitronenschale abschmecken und dann 10 bis 15 Minuten auf kleiner Flamme ausquellen lassen. Hin und wieder umrühren und bei Bedarf noch etwas (Reis-) Milch zugeben. Den Polentabrei auf ein mit Backpapier ausgelegtes Backblech streichen, auskühlen lassen und mit einem Ring kleine Kreise (Sonnen) ausstechen. In der Zwischenzeit das Kirschenkompott zubereiten. Kirschen waschen und entkernen. Wasser mit dem restlichem Zitronensaft und der Zitronenschale in einem Topf mit den Kirschen, Zimt und Nelken erhitzen und etwa 5 Minuten kochen. Pfeilwurzelmehl oder Kuzu mit etwas kaltem Wasser verrühren und das Kompott damit binden. Polenta-Sonnen mit Kompott anrichten. Bei Bedarf mit Honig süßen.

Kirschen

Kirschen schmecken nicht nur köstlich, sie liefern uns auch viele Vitamine, wie z. B. Vitamin C, Folsäure und Beta-Carotin (Vorstufe von Vitamin A), und die Mineralstoffe Kalium, Kalzium, Eisen und Magnesium. In der TCM haben Kirschen eine kühlende, entzündungshemmende Wirkung und werden bei allen „hitzigen" Krankheiten empfohlen. Auch in der westlichen Naturheilkunde wird dem Fruchtfleisch eine kräftigende und den Stielen eine harntreibende Wirkung zugeschrieben.

Eier-Schmarren mit gebratenem Spargel

2 Eier
100 ml (Soja- oder Reis-) Milch
Sonnenblumenöl zum Braten
300 g Spargel (grün und weiß gemischt oder sortenrein)

Pfeffer aus der Mühle
1 Bund Schnittlauch

1 Prise Salz

100 ml Butter- oder Sauermilch

100 g Buchweizenmehl

Die Eier trennen. Eidotter mit (Soja- oder Reis-) Milch, Pfeffer, Salz, Butter- oder Sauermilch und Buchweizenmehl schaumig aufschlagen. Den Teig etwa 30 Minuten quellen lassen. Das Eiklar steif schlagen und unter den Teig heben.

Weißen Spargel schälen, grünen Spargel waschen. Die Enden abschneiden und den Spargel schräg in 3 cm lange Stücke schneiden. In einer Pfanne 2 EL Sonnenblumenöl erhitzen und die Spargelstücke darin kräftig anbraten. Deckel auflegen und 3 bis 4 Minuten dünsten. Spargel mit Pfeffer und Salz abschmecken, zur Seite stellen und warm halten.

Nochmals etwas Sonnenblumenöl in der Pfanne erhitzen und den Teig eingießen. Wenn das Omelett auf der Unterseite zu stocken beginnt, die Spargelstücke darauf verteilen. Dann das Omelett wenden, mit zwei Löffeln in Stücke zerreißen und die Teigstücke knusprig braten. Bei Bedarf noch etwas Öl zugeben. Schnittlauch abspülen, trocken schütteln und in Röllchen schneiden. Den Schmarren mit Schnittlauch bestreut servieren.

Tomatensuppe mit Joghurt und Pesto

4 Fleischtomaten 
100 ml Naturjoghurt

1 Zwiebel 

250 ml Gemüsebrühe 

1 Prise Salz 

2 EL Basilikum-Pesto 

Fleischtomaten kreuzweise einschneiden und in kochendem Wasser kurz blanchieren. Die Haut abziehen und die Tomaten in Würfel schneiden.

Zwiebel fein hacken. Gemüsebrühe erhitzen und darin die Zwiebel mit Salz und Tomatenwürfeln für etwa 10 Minuten kochen.

Dann die dickflüssige Suppe auskühlen lassen, mit dem Stabmixer pürieren und im Kühlschrank gut durchkühlen.

In zwei hohe Gläser – gut geeignet sind Cocktailgläser – je 1 EL Basilikum-Pesto auf dem Boden verteilen. Vorsichtig mit je der Hälfte des Joghurts bedecken und dann mit der gekühlten Tomatensuppe auffüllen.

Gekühlt servieren.

Gemüsesuppe mit Kerbel

700 ml Wasser oder Gemüsebrühe
1 Prise Salz

1 Kohlrabi
2 Kartoffeln
2 Karotten

1 kleine Zwiebel
Pfeffer aus der Mühle

Saft einer halben Zitrone
1 Bund Kerbel

2 Wacholderbeeren

Wasser oder Gemüsebrühe in einem Topf erhitzen.

Kohlrabi und Kartoffeln schälen und in kleine Würfel schneiden. Karotten putzen und in dünne Scheiben schneiden. Zwiebel fein hacken. Gemüse und Zwiebel in die Suppe geben, mit Pfeffer, Salz und Zitronensaft abschmecken.

Wacholderbeeren mit dem Messer quetschen, zur Suppe geben und zugedeckt 15 Minuten kochen.

Kerbel fein hacken und über die fertige Suppe streuen.

Kerbel

Der etwas unscheinbare Kerbel wurde bereits von Hildegard von Bingen sehr geschätzt. Er ist vor allem in Mitteleuropa als Heilmittel bekannt. Kerbel wirkt entschlackend, blutreinigend, beruhigend für die Verdauung und blutdrucksenkend. In der Küche wird das Kraut ähnlich wie Petersilie verwendet. Das würzig-süße Aroma erinnert etwas an Anis.

Palatschinken mit Erbsen-Mus und Schafkäse

(Rezeptfoto am Cover)

4 Eier
250 ml (Soja- oder Reis-) Milch
300 g grüne Erbsen
Rapsöl zum Braten

Pfeffer aus der Mühle
1 TL Ingwer, gerieben

1 Prise Salz
150 ml Wasser

120 g Weizen- oder Dinkelmehl
Saft einer halben Zitrone

1 Prise Paprikapulver
100 g Schafkäse (Feta)

Die Eier mit Milch, Pfeffer, Salz, Mehl und dem Paprikapulver zu einem glatten Teig verrühren und kurz quellen lassen. In der Zwischenzeit das Wasser erhitzen und die Erbsen mit geriebenem Ingwer, Pfeffer und Salz 10 bis 15 Minuten weich kochen.

In einer beschichteten Pfanne etwas Rapsöl erhitzen und nacheinander Palatschinken backen. Dazu den Pfannenboden mit etwas Teig bedecken, bei mittlerer Hitze goldbraun backen, dann die Palatschinke vorsichtig wenden und die andere Seite backen. Die Palatschinken warmhalten.

Die gekochten Erbsen pürieren und mit Zitronensaft abschmecken. Den Schafkäse in Würfel schneiden. Die Palatschinken jeweils mit 3 bis 4 EL Erbsenpüree gleichmäßig bestreichen und darauf Schafkäsewürfel verteilen. Die Palatschinken einrollen und warm servieren.

Küchentipp

Als Beilage Blatt- oder Tomatensalat reichen.

Ratatouille mit Kräuter-Fladenbrot

2 Zweige Rosmarin
1/2 Bund Basilikum
2 EL Tomatenmark

3 Knoblauchzehen
Pfeffer aus der Mühle
1 TL Oregano, getrocknet
1 Zwiebel

1/2 TL Meersalz
125 ml lauwarmes Wasser

100 g Weizenmehl
100 g Dinkelmehl
1/2 Würfel Frischhefe bzw.
1 Packung Trockenhefe
3 Tomaten

1 TL Zucker
4 EL Olivenöl
1 Zucchini
1 Melanzani
1 roter Paprika
1 gelber Paprika

Für die Fladen Rosmarinnadeln von den Zweigen rebeln und mit dem Basilikum fein hacken. 2 Knoblauchzehen schälen und durch die Knoblauchpresse drücken. Hefe in warmem Wasser auflösen. Weizen- und Dinkelmehl in einer Schüssel gut mit den gehackten Kräutern, Zucker, Knoblauch, Pfeffer, Oregano, Salz und aufgelöster Hefe vermischen. Aus den Zutaten einen Teig kneten und zugedeckt 30 Minuten ruhen lassen. Den Backofen auf 200 °C vorheizen und den Teig nochmals gut durchkneten. Aus dem Teig vier Kugeln formen, diese zu Fladen flach drücken und auf ein mit Backpapier ausgelegtes Backblech legen. Zugedeckt nochmals 10 bis 15 Minuten gehen lassen. Dann die Fladen mit einer Gabel mehrmals einstechen, mit 2 EL Olivenöl bestreichen und 25 bis 30 Minuten knusprig backen.

Für die Ratatouille Zucchini, Melanzani und Paprika waschen und in kleine Würfel schneiden. Zwiebel und 1 Knoblauchzehe schälen und fein hacken. 2 EL Olivenöl in einer Pfanne erhitzen und die Gemüsewürfel mit Zwiebel und Knoblauch etwa 10 Minuten braten. Mit Pfeffer und Salz abschmecken. Tomaten waschen, ebenfalls in Würfel schneiden und mit dem Tomatenmark zum Gemüse geben. Das Gemüse weitere 10 bis 15 Minuten sämig einkochen und dann heiß mit dem Kräuterbrot servieren.

Sellerie-Taschen auf Zucchini-Karotten-Gemüse

1/2 Sellerieknolle
1 kleine Zucchini
2 Karotten
Olivenöl zum Braten

1 kleine Zwiebel
Pfeffer aus der Mühle

1 Prise Salz

1/2 Bund Petersilie

50 g Ziegenkäse (Rolle)
1 Prise Paprikapulver

Den Sellerie schälen und in 3 mm dünne Scheiben schneiden (mindestens 8 Scheiben). Zucchini und Karotten waschen, halbieren und ebenfalls in Scheiben schneiden. Zwiebel fein hacken. In einer Pfanne etwas Olivenöl erhitzen und die Zwiebel darin anbraten. Dann die Zucchini- und Karottenscheiben zugeben und 4 bis 5 Minuten braten. Mit Pfeffer und Salz abschmecken. Petersilie waschen, fein hacken und zum Gemüse geben. Das Gemüse herausnehmen und warm stellen.

Die Ziegenkäserolle in 4 Scheiben schneiden. Jeweils eine Selleriescheibe mit Ziegenkäse belegen und mit etwas Paprikapulver bestreuen. Mit einer weiteren Selleriescheibe abdecken. In der Pfanne nochmals etwas Öl erhitzen und die gefüllten Selleriescheiben auf jeder Seite 1 bis 2 Minuten braten. Das Zucchini-Karotten-Gemüse auf zwei Teller verteilen und die Sellerie-Tascherl darauf anrichten.

Küchentipp

Als Beilage gekochtes Getreide (Reis, Hirse, Polenta) reichen.

Mangold-Hirse-Rouladen

80 g Hirse
2 Karotten
6 große Mangoldblätter

1 kleine Zwiebel
Pfeffer aus der Mühle

250 ml Wasser oder Gemüsebrühe
1 Prise Salz

1/2 Bund Petersilie, fein gehackt

60 g Ziegen- oder Schafhartkäse

Die Hirse und das Wasser im geschlossenen Topf aufkochen und 15 bis 20 Minuten bei kleiner Hitze weich kochen. Die Karotten waschen, putzen, in kleine Würfel schneiden, zur Hirse geben und mitdünsten. Zwiebel schälen und fein würfeln, ebenso zur Hirse geben und mitdünsten.

Den Mangold putzen, abspülen und die Blätter in kochendem Salzwasser 2 bis 3 Minuten blanchieren. Die Blätter abtropfen lassen. Die Stiele abschneiden, fein würfeln und zur Hirse geben. Die Gemüsehirse mit Pfeffer, Salz und gehackter Petersilie gut abschmecken. Zum Schluss den Ziegen- oder Schafkäse in kleine Würfel schneiden und unterheben. Mangoldblätter auf ein Teller oder ein Brett auflegen, mit der Füllung in der Mitte belegen, Seiten einschlagen und zu Rouladen aufrollen. Am besten sofort heiß servieren.

Als Beilage Vogerlsalat mit Radieschen reichen.

Hirse

Hirse stärkt die Organe Milz, Magen und Niere, wirkt entwässernd und entgiftend. Aus westlicher Sicht ist Hirse reich an Kalzium, Phosphor, Eisen, Fluor, Magnesium, Vitamin B1 und B6 und Lecithin. Außerdem hat sie einen besonders hohen Gehalt an Kieselsäure, wodurch sie Haare, Haut und Nägel kräftigt.

Sommersalat mit Bohnen

150 g Bohnen
(Kidneybohnen, rote Bohnen, schwarze Bohnen, Käferbohnen oder weiße Bohnen)
750 ml Wasser
1 Stück getrocknete Alge
(z. B. Wakame)
1 Prise Salz

1 Scheibe Zitrone
1/2 Bund Petersilie
50 ml Apfelessig

1 TL Bockshornkleesamen
einige frische Salbei-Blätter

150 g Cocktail-Tomaten
2 Stangen Sellerie
3 EL Sonnenblumenöl

Pfeffer aus der Mühle
1 Bund Radieschen

Bohnen mindestens 8 Stunden einweichen.

Einweichwasser weggeben, die Bohnen gut mit Wasser abspülen und in einem Topf mit frischem Wasser aufkochen. Mit getrockneter Alge, Zitronenscheibe und Bockshornkleesamen würzen und zugedeckt bei mittlerer Hitze 40 bis 50 Minuten weich kochen. Entstehenden Schaum abschöpfen.

Die Tomaten waschen und halbieren. Stangensellerie waschen, Enden abschneiden und in dünne Ringe schneiden. Radieschen putzen und in Viertel oder Scheiben schneiden. Petersilie und Salbei waschen und fein hacken.

In einer großen Schüssel das geschnittene Gemüse mit den Bohnen vermischen. Aus Sonnenblumenöl, Pfeffer, Salz, Essig und gehackten Kräutern eine Marinade zubereiten und damit vermengen.

Grüner Spargel mit Tomaten und Fisch

400 g grüner Spargel
2 EL Olivenöl
4 Tomaten
2 EL Rapsöl

2 Knoblauchzehen
Pfeffer aus der Mühle

1 Prise Salz
250 g Fischfilet
(Zander, Lachs, Forelle)

Saft einer Zitrone

1 Bund Basilikum

Spargel waschen, Enden abschneiden und in ca. 5 cm lange Stücke schneiden. Olivenöl in einem Topf erhitzen und Spargel darin anbraten. Tomaten in grobe Stücke schneiden und zum Spargel geben.

Knoblauchzehen schälen, fein hacken und mit Pfeffer und Salz zum Gemüse geben. Mit der Hälfte des Zitronensafts abschmecken und etwa 5 Minuten braten. Basilikum waschen, fein hacken und zum Schluss unterheben. Gemüse zugedeckt warm halten.

Fisch waschen, trocken tupfen und mit Pfeffer, Salz und Zitronensaft würzen. Öl in einer Pfanne erhitzen und Fisch darin knusprig braten. Mit dem Spargel-Gemüse servieren.

Küchentipp

Als Beilage Kartoffeln, Reis, Quinoa oder Hirse reichen. Wenn die Spargelsaison vorbei ist, kann das Gericht auch alternativ mit Fenchel, Zucchini oder Mais zubereitet werden.

Hühnerbrust mit Kohlrabi in Minz-Sauce

2 kleine Kohlrabi
2 EL Sonnenblumenöl
2 EL Sonnenblumenkerne
2 EL Rapsöl

1 EL Buchweizenmehl
50 ml heißes Wasser
oder Gemüsebrühe

Pfeffer aus der Mühle
1/2 Bund Pfefferminze

1 Prise Salz

Saft einer halben Zitrone
250 g Hühnerschnitzel

Kohlrabi schälen, vierteln und in dünne Scheiben schneiden. Sonnenblumenöl erhitzen und Kohlrabi darin anbraten. Mit Buchweizenmehl bestäuben und mit heißem Wasser oder Gemüsebrühe aufgießen. Sonnenblumenkerne dazu geben und mit Pfeffer, Salz und Zitronensaft abschmecken. Zugedeckt den Kohlrabi 5 bis 10 Minuten weich dünsten.

In der Zwischenzeit die Hühnerschnitzel waschen, trocken tupfen und mit Pfeffer und Salz würzen. Rapsöl in einer Pfanne erhitzen und die Hühnerschnitzel darin braten.

Minze waschen, fein hacken und zum Kohlrabi geben. Kohlrabigemüse mit Huhn anrichten. Mit gekochten Kartoffeln, Reis oder Hirse servieren.

Kohlrabi

Kohlrabi bildet durch eine Verdickung des Stängels eine überirdische Knolle aus. Besonders gut schmecken kleine bis mittelgroße Knollen. Übergroße Knollen sind häufig innen holzig. Die Färbung ist unterschiedlich und geht von weißlich, grünlich bis zu violett. Nach TCM wirkt Kohlrabi harmonisierend auf Magen und Darm, leitet Darmwinde ab und reduziert Feuchtigkeit.

Mohnkuchen mit Erdbeeren

10–12 Portionen

4 Eier
150 g Butter
100 g Zucker
1 TL Vanillezucker oder etwas Mark von einer Vanilleschote
1/2 TL Zimt, gemahlen
500 g Erdbeeren
250 ml Apfelsaft

1/2 TL Kardamompulver

1 Prise Salz
1 Packung Tortengelee oder 1 EL Agar Agar

100 g Dinkelmehl
100 g Mascarpone oder Frischkäse

100 g geriebener Mohn (Blau- oder Graumohn)

Den Backofen auf 180 °C vorheizen. Eier trennen und Eiklar zu Schnee schlagen. Die Eidotter mit Butter, Zucker, Vanillezucker oder Vanillemark und Zimt schaumig rühren. Kardamompulver, Salz, Dinkelmehl und Mohn unterrühren und zum Schluss den Eischnee unterheben. Den Teig auf ein mit Backpapier ausgelegtes Blech streichen und im Backofen 20 bis 25 Minuten backen.

Den ausgekühlten Kuchen entweder mit Mascarpone oder Frischkäse bestreichen. Erdbeeren waschen, halbieren und gleichmäßig auf dem Kuchen verteilen.

Entweder Torten-Gelee nach Packungsanweisung mit dem Apfelsaft zubereiten oder Apfelsaft mit 1 EL Agar Agar für 2 bis 3 Minuten aufkochen, kurz auskühlen lassen und die Erdbeeren damit beträufeln.

Erdbeeren

Reife Erdbeeren sind einfach köstlich. Dazu sind sie auch noch sehr gesund, vitamin- und mineralstoffreich. Frische Erdbeeren enthalten mehr Vitamin C als Zitrusfrüchte. 150 bis 200 Gramm genügen schon, um den Tagesbedarf an diesem Vitamin zu decken. Außerdem enthalten Erdbeeren reichlich Kalzium, Kalium, Eisen, Zink, Kupfer und vor allem Folsäure und Mangan. Letzteres ist ein Spurenelement, das an der Knochen- und Blutbildung beteiligt ist.

Rote Grütze

4 Portionen

150 g Erdbeeren
150 g süße Kirschen
60 g Zucker
2 EL Speisestärke oder
Pfeilwurzelmehl

150 g rote Ribiseln
100 g schwarze Ribiseln
100 g Himbeeren

1/2 TL Kardamompulver

250 ml Wasser

1/2 TL geriebene
Orangen- oder Zitronenschale

Erdbeeren waschen und Stiele entfernen. Ribiseln von den Stielen zupfen, Kirschen entkernen, Himbeeren waschen.

Wasser in einem Topf mit dem Obst, geriebener Orangen- oder Zitronenschale, Zucker und Kardamompulver aufkochen und ein paar Minuten bei mittlerer Hitze zu einem Kompott einkochen.

Speisestärke in etwas kaltem Wasser anrühren, zum Kompott geben und nochmals aufkochen bis es sämig wird. Die Rote Grütze dann auskühlen lassen und gekühlt servieren.

Rote Früchte

Rote Grütze ist in Nord-Deutschland und Skandinavien ein beliebtes Dessert. Man serviert sie dort traditionell mit Vanilleeis oder Vanillesoße. Für die klassische Rezeptur werden rote und schwarze Ribiseln und Himbeeren verwendet, Erdbeeren und Kirschen sind meist nicht dabei. Aber erlaubt ist, was gefällt, und am besten nutzt man das Angebot der Saison. Dabei wird auch vor nicht-roten Beeren kein Halt gemacht: Aus grünen Stachelbeeren (oft in Kombination mit Kiwi und Ananas) wird die „Grüne Grütze", aus Pfirsichen, gelben Stachelbeeren, Ananas, Bananen oder anderen gelben Früchten „Gelbe Grütze" hergestellt.

Überbackene Marillen

2 Eiklar
1 EL (Vanille-) Zucker
500 g Marillen

1/2 Bund Minze

1 Prise Salz

Saft einer halben Zitrone

2 cl Orangenlikör
(z. B. Cointreau)

Den Backofen auf 250 °C vorheizen.

Die Eiklar mit (Vanille-) Zucker und Salz zu Eischnee schlagen. Minze waschen und in Streifen schneiden.

Marillen waschen, halbieren, entkernen und mit Minze, Zitronensaft und Orangenlikör vermischen.

Die Marillen in eine feuerfeste Form füllen und mit dem Eischnee bedecken. Im Backofen 5 bis 7 Minuten hellbraun überbacken.

Element Erde

Spätsommer/ Erntezeit

Dojo-Zeiten (28. 7. – 18. 8., 30. 10. – 16. 11., 28. 1. – 13. 2., 27. 4. – 16. 5.) – Zeit der Ernte und des Übergangs

Der Spätsommer charakterisiert im 5-Elemente-System die Erntezeit. Das „Yang" – die aufsteigende, männliche Energie – kommt nun zur Ruhe und das weibliche Symbol – das „Yin" – kann erwachen. „Yin" ist der bewahrende und schützende Aspekt des Lebens.

Zutaten für das Element Erde

- Kürbis
- Quitten
- Zwetschken
- Äpfel
- Birnen
- Weintrauben
- Karfiol
- Weißkraut
- Rotkraut
- Hirse
- Gerste
- Polenta
- Mais
- Nüsse
- Kartoffeln
- Sellerie
- Holunder
- Zwiebel
- Fenchel
- Maroni

Das Symbol Erde repräsentiert diese Jahreszeit in der Mitte des Jahres. Im Körper korrespondiert das Erd-Element mit unserer Mitte und den Organen Milz und Magen, die die Nahrung für uns verarbeiten, sie umwandeln und das Gute daraus zur Verfügung stellen. Das Element Erde steht auch für die Zeit der ausgeglichenen und sich sammelnden Energie. Der Verzehr von Zutaten aus dem Element Erde erleichtert auch in den Dojo-Zeiten den Übergang von einer Jahreszeit zur anderen.

Im Spätsommer löst die Natur alles ein, was uns der Frühsommer versprochen hat. Die wundervollen Blüten und Düfte haben sich in saftiges, reifes Obst verwandelt. Die Erntezeit ist die bunteste Zeit des Genießens. Die letzten Sommerfrüchte mischen sich mit den reichen Gaben der Erntezeit: Wurzelgemüse, Lauch, verschiedene Kohlarten, Äpfel, Birnen, Nüsse, Zwetschken, Tomaten, Rüben und Kürbisse. Es rollt und purzelt uns geradezu entgegen und wir können so richtig aus dem Vollen schöpfen und die Lager für Herbst und Winter befüllen. Also greifen Sie zu und genießen Sie die Erntezeit!

Die Weisheit des fernen Ostens

Zur Unterstützung der Verdauungsorgane gibt es im Qi-Gong eine schöne Übung, die am besten morgens vor dem Frühstück durchgeführt wird: „Der Bär, der an einem Baumstamm seinen Rücken reibt". Stellen Sie sich breitbeinig hin und gehen Sie ganz leicht in die Hocke, der Rücken sollte gerade sein. Heben Sie Ihre Arme angewinkelt und ganz locker auf Taillenhöhe an und dann tun Sie so, als würden Sie sich den

Rücken wie ein Bär an einem Baumstamm kratzen: auf und ab, hin und her. Wer mag, kann das an einem Türpfosten tun. Noch mehr Spaß macht es, wenn man die Übung zu zweit macht – Rücken an Rücken. Das stärkt die Balance, dehnt leicht und massiert ganz sanft die Verdauungsorgane.

Heilpflanze der Jahreszeit – der Fenchel

Seit Jahrhunderten gehört Fenchel *(Foeniculum vulgare)* zu den beliebtesten Heilpflanzen. Der anisartige Geschmack von Fenchel ist zwar für manche etwas gewöhnungsbedürftig, aber vor allem die Samen sind in der Küche vielseitig verwendbar. Fenchelsamen enthalten ätherische Öle, die durch ihren süß-scharfen und aromatischen Geschmack wirken. Sie helfen bei Blähungen, bei Husten und Heiserkeit, wirken blutreinigend, beruhigend und schenken frischen Atem. Aus Sicht der TCM wärmen Fenchelsamen die Organe Milz, Magen, Herz, Lunge und Uterus. Sie tonisieren das „Nieren-Qi", „Nieren-Yang" und bewegen das „Leber-Qi". Fenchel-Tee ist ein bewährtes Mittel gegen Bauchschmerzen: 1 EL Fenchelsamen zerquetschen oder mörsern, mit 1 Liter kochendem Wasser aufgießen – 5 Minuten ziehen lassen. Stillende Frauen trinken Fenchel-Tee zur Förderung der Milchbildung und bei Männern fördert er angeblich die Potenz. Fenchelsamen können auch für Suppen, Eintöpfe oder Kompotte verwendet werden. Abends gekaute Fenchelsamen helfen gegen übermäßiges Schnarchen.

Nuss-Hirse mit Zwetschkenkompott

1 Tasse Hirse
300 g Zwetschken
1/2 TL Zimt
4 EL Walnüsse
Honig nach Geschmack

1 TL Ingwer, gerieben

3 Tassen Wasser

Saft einer halben Zitrone

1/2 TL Kakaopulver

Hirse mit heißem Wasser in einem Sieb oder direkt im Topf 2 bis 3 mal waschen. Dabei langsam das überschüssige Wasser abgießen. Dann ca. 2 Tassen Wasser zugeben – die Hirse sollte gut 2 cm mit Wasser bedeckt sein – und zum Kochen bringen. Walnüsse grob hacken und mit dem geriebenen Ingwer zur Hirse geben und 10 bis 15 Minuten auf kleiner Flamme weich kochen.

Inzwischen das Kompott zubereiten: In einem Topf 1 Tasse Wasser erhitzen. Zwetschken waschen, halbieren, entkernen und mit dem Zimtpulver in den Topf geben. Etwa 10 Minuten zu einem Kompott einkochen.

Hirse mit Zitronensaft und Kakaopulver vermischen und in einem Schälchen anrichten. Dazu Kompott servieren. Bei Bedarf mit etwas Honig süßen.

Küchentipp

Wer es morgens besonders eilig hat, kann die Hirsemischung bereits am Abend vorbereiten. Ebenso kann eine größere Menge des Kompotts auf Vorrat zubereitet werden. Dazu die Zwetschken zu Kompott einkochen und kochend heiß in Marmeladegläser einfüllen. Diese sofort verschließen, kurz „auf den Kopf" stellen, damit die Luft entweichen kann und auskühlen lassen. Das Kompott dann im Kühlschrank lagern – es ist so bis zu einer Woche haltbar.

Kürbisgemüse mit Hirse

1 Tasse Hirse
1 Hokkaido-Kürbis
2 EL Kürbiskerne
2 Eier

2 Tassen Wasser
1 Prise Salz

1 kleine Zwiebel

1/2 Bund Petersilie

1/2 TL Curcumapulver (Gelbwurz)

Hirse mit heißem Wasser in einem Sieb oder direkt im Topf 2 bis 3 mal waschen. Dabei langsam das überschüssige Wasser abgießen. Dann ca. 2 Tassen Wasser zugeben – die Hirse sollte gut 2 cm mit Wasser bedeckt sein – und zum Kochen bringen. Sobald die Hirse kocht, auf kleine Flamme zurückdrehen und die Hirse 10 bis 15 Minuten weich kochen. Weitere 5 bis 10 Minuten ausquellen lassen.

In der Zwischenzeit das Kürbisgemüse zubereiten: Kürbis entkernen und in grobe Stücke schneiden. Kürbisstücke mit etwas Wasser – sie sollten nur zu etwa einem Drittel mit Wasser bedeckt sein – in einem Topf erhitzen. Kürbiskerne zugeben. Zwiebel fein hacken und mit den Kürbiskernen zum Gemüse geben. Das Gemüse 10 bis 15 Minuten weich dünsten und dann mit Salz, gehackter Petersilie und Curcumapulver würzen. Die Hirse mit dem Gemüse anrichten.

Küchentipp

Für eine gute Sättigung ein weich gekochtes Ei oder Spiegelei dazu essen.

Antipasti-Spieße

150 g Champignons
150 g Austern- und Shiitake-Pilze
1 roter Paprika
1 kleine Zucchini
4 EL Olivenöl

Pfeffer aus der Mühle
1 Knoblauchzehe
1/2 Bund Estragon

2 EL Wasser
1 Prise Salz

2 Blätter Salbei

3 EL Balsamicoessig

Für die Spieße Pilze putzen, Paprika putzen, abspülen und in etwa 2,5 cm große Würfel schneiden. Zucchini putzen, waschen und in 1 cm dicke Scheiben schneiden. Gemüse und Pilze abwechselnd auf Spieße stecken.

Öl in einer Pfanne erhitzen und die Spieße darin rundherum etwa 5 Minuten braten. Mit Salz und Pfeffer würzen, aus der Pfanne nehmen und warm stellen.

Für die Marinade Knoblauch schälen und fein hacken. Estragon abspülen, trocken schütteln, Blättchen von den Stielen zupfen und mit den Salbeiblättern fein hacken. Knoblauch in die Pfanne geben und kurz anbraten. Wasser, Essig und die Kräuter zugeben und verrühren.

Marinade über die Spieße gießen und noch lauwarm servieren.

Gefüllte Tomaten

50 g Couscous
2 große Fleischtomaten
Saft einer halben Zitrone
1/2 Bund Petersilie

200 ml Wasser oder Gemüsebrühe
1 Prise Salz

2 EL Olivenöl
1 roter Paprika
2 EL Gomasio

1 Frühlingszwiebel
Pfeffer aus der Mühle

100 g Schafkäse

Wasser oder Gemüsebrühe mit Couscous aufkochen und dann 10 Minuten quellen lassen. Vom Herd nehmen und den Couscous in einer Schüssel etwas auskühlen lassen.

Die Fleischtomaten waschen, den oberen Teil abschneiden und die Tomate mit einem Löffel aushöhlen. Das Tomatenfleisch, den roten Paprika und den Schafkäse in kleine Würfel schneiden. Frühlingszwiebel in feine Ringe schneiden.

Couscous in der Schüssel mit Olivenöl, Paprikawürfel, Pfeffer, Salz, Tomatenwürfel, Zitronensaft und Schafkäse gut vermischen. Petersilie waschen, fein hacken und mit Gomasio dazu geben. Alles nochmals gut verrühren und in die ausgehöhlten Tomaten füllen.

Gomasio

Gomasio ist eine Mischung aus geröstetem Sesam und Meersalz. Die Würzmischung ist sehr praktisch und schmeckt gut mit Salaten, auf Gemüse oder in Suppen. Gomasio (mit gelbem oder schwarzem Sesam) ist im Reformhaus oder Bioladen erhältlich.

Feigen-Chicoréesalat

4 frische Feigen
1 Vanilleschote
1/2 TL Zucker
3 EL Olivenöl

Pfeffer aus der Mühle

1 Prise Salz

2 EL Essig

2 Chicorée
1 kleiner Radicchio
100 g Ziegenfrischkäse

Chicorée und Radicchio waschen und die Blätter vorsichtig ablösen. Vanilleschote der Länge nach aufschneiden und die Samen herauskratzen. Etwas Wasser mit dem Zucker und der Vanilleschote aufkochen und 10 Minuten ziehen lassen, dann die Schote entfernen.

Diesen Sud mit dem ausgekratzten Vanillemark, Olivenöl, Pfeffer, Salz und Essig verrühren. Die Feigen waschen und in ca. 1 cm dicke Scheiben schneiden.

Die Salatblätter mit den Feigenscheiben auf einem Teller anrichten und mit dem Dressing beträufeln. Ziegenkäse darauf verteilen und sofort servieren.

Küchentipp

Als Alternative zu den Feigen schmeckt der Salat auch sehr gut mit in Scheiben geschnittenen Avocados oder gut gereiften Birnenscheiben.

Dinkel-Spaghetti mit Mandel-Tomaten-Pesto

50 g Mandeln
2 große Fleischtomaten
50 ml Olivenöl

Pfeffer aus der Mühle
2 Knoblauchzehen

1 Prise Salz
geriebener Parmesan nach Geschmack

200 g Dinkelspaghetti

1 Bund Basilikum
etwas Chili-Paste oder eine halbe Chilischote

Die Mandeln in einer Schüssel mit heißem Wasser übergießen und 30 Minuten quellen lassen. Die Fleischtomaten ebenfalls mit heißem Wasser überbrühen, kalt abschrecken, häuten und in Würfel schneiden.

Knoblauch schälen, Basilikum grob hacken. Chili-Schote fein hacken.

Wasser in einem großen Topf erhitzen, salzen und die Dinkelspaghetti bissfest kochen. In der Zwischenzeit die Mandeln häuten und im Standmixer mit der Hälfte der Tomatenwürfel, Olivenöl, Knoblauch, Pfeffer, Salz, Chili und Basilikum zu einer sämigen Sauce (Pesto) verarbeiten.

Dinkelspaghetti abgießen und mit dem Pesto gut vermengen. Sofort heiß servieren und nach Geschmack mit Parmesan bestreuen.

Küchentipp

Von diesem Pesto können Sie gleich eine größere Menge zubereiten. In saubere Gläser einfüllen, mit Olivenöl abdecken und im Kühlschrank aufbewahren.

Mangoldlaibchen mit Karotten-Kartoffel-Püree

2 große Karotten
4 Kartoffeln
200 g Mangold
3 Eier
1 EL Butter
Olivenöl zum Braten

Pfeffer aus der Mühle
2 Knoblauchzehen
1 Prise Muskatnuss, gemahlen

4 EL Dinkelmehl
1/2 Bund Petersilie

1 Prise Salz

1/2 TL Paprikapulver
1 Prise Bockshornklee-samenpulver

Karotten und Kartoffeln schälen und in grobe Stücke schneiden. Die Gemüsestücke in einem Topf mit einer guten Tasse Wasser zugedeckt weich kochen.

In der Zwischenzeit den Mangold waschen und die Stiele fein schneiden. Die Blätter längs in Streifen schneiden und dann quer fein schneiden. Die Mangoldstreifen in einer Schüssel mit Eiern, Pfeffer, gehacktem Knoblauch, Dinkelmehl und Paprikapulver gut vermengen.

In einer beschichteten Pfanne Olivenöl erhitzen. Mit den Händen Laibchen formen und bei mittlerer Hitze beidseitig goldbraun braten.

Das Karotten-Kartoffelgemüse vom Herd nehmen und pürieren. Mit Butter, Muskatnuss, Salz, gehackter Petersilie und Bockshornkleesamenpulver abschmecken.

Die Laibchen mit dem Kartoffel-Karottenpüree servieren.

Spaghettikürbis mit würziger Sauce

1 mittelgroßer Spaghettikürbis
2 Karotten
4 EL Walnusskerne
4 EL Olivenöl

500 g Fleischtomaten

1 Zwiebel
Pfeffer aus der Mühle

1 Prise Salz

1 Bund Basilikum

In einem großen Topf Wasser erhitzen und darin den ganzen Kürbis bei mittlerer Hitze ca. 30 Minuten kochen. Den Kürbis dann aus dem Wasser nehmen und 10 bis 15 Minuten auskühlen lassen.

In der Zwischenzeit die Soße zubereiten: Tomaten waschen, halbieren, den Stielansatz entfernen und in grobe Würfel schneiden. Karotten putzen und in kleine Würfel schneiden. Nüsse grob hacken. Zwiebel fein hacken.

Olivenöl in einer Pfanne erhitzen. Karottenwürfel mit Nüssen und Zwiebel anbraten. Mit Pfeffer und Salz abschmecken. Tomatenwürfel zugeben und das Gemüse zu einer dicken Soße einkochen. Zum Schluss Basilikum fein schneiden und zur Soße geben.

Den Spaghettikürbis der Länge nach aufschneiden und mit einer Gabel das Kürbisfleisch herausdrehen. Auf einem Teller anrichten und mit der würzigen Sauce servieren.

Karfiol-Curry mit Huhn

3–4 Portionen

2 Hühnerfilets (ca. 300 g)
Saft einer halben Zitrone

1 Zwiebel
2 Knoblauchzehen
4 Gewürznelken
4 Kardamomkapseln
1 daumengroßes Stück Ingwer
1/2 TL Piment, gemahlen
1 TL Kreuzkümmel
1/4 TL Cayennepfeffer

2 EL Sonnenblumenöl
300 g Karfiol
4 EL Mandelmus
100 ml (Soja-) Schlagobers

Salz

1/2 TL Curcumapulver (Gelbwurz)
1 EL Tomatenmark

Hühnerfilets waschen, trocken tupfen und in mundgerechte Würfel schneiden. Die Zwiebeln und den Knoblauch schälen und fein hacken. Das Öl in einem mittelgroßen Topf erhitzen, Zwiebeln, Knoblauch, Nelken und Kardamomkapseln darin andünsten und glasig werden lassen. Ingwer schälen, fein hacken und mit dem Hühnerfleisch dazu geben. Einige Minuten unter Rühren anbraten.

Karfiol waschen, die Röschen in mundgerechte Stücke schneiden und zum Huhn geben. Dann die Mischung mit Piment, Kreuzkümmel, Cayennepfeffer, Salz, Zitronensaft und Curcumapulver würzen. Zum Schluss Tomatenmark, Mandelmus und Schlagobers zugeben, alles gut durchmischen. Bei Bedarf mit etwas Wasser aufgießen. Die Mischung bei kleiner Flamme 15 bis 20 Minuten köcheln lassen bis eine dick cremige Konsistenz erreicht ist. Mit Pfeffer und Salz abschmecken.

Küchentipp

Als Beilage Reis, Quinoa oder Couscous servieren.

Geflügel-Reis-Pfanne

250 g Hühnerbrustfilets
1/2 Bund Petersilie
1 Zitrone

1 rote Paprikaschote
1 grüne Paprikaschote
1 Zwiebel
1 EL Olivenöl

2 Knoblauchzehen
1 Tasse Risotto-Reis
2 Lorbeerblätter
Pfeffer aus der Mühle

1 Prise Salz

10 Oliven
2 Tassen Hühner- oder Gemüsebrühe
1/2 TL Paprikapulver

Hühnerbrustfilet waschen, trocken tupfen und in Würfel schneiden. Paprikaschoten waschen, vierteln, Kerne entfernen und in Streifen schneiden. Zwiebel schälen und fein hacken. Knoblauch schälen und in Scheiben schneiden.

Olivenöl in einem Topf erhitzen, Reis kurz anrösten, Paprikastücke, Hühnerfilet, Zwiebel, Knoblauch, Oliven und Lorbeerblatt zugeben. Gut durchrühren. Mit heißer Hühner- oder Gemüsebrühe aufgießen und mit Pfeffer und Salz abschmecken.

Die Reis-Gemüsemischung kurz aufkochen und dann auf kleiner Flamme 15 bis 20 Minuten garen.

Petersilie waschen und fein hacken. Gemüsereis mit der Petersilie gut vermengen und auf zwei Tellern anrichten. Zitrone in Spalten schneiden und den Gemüsereis mit den Spalten garniert servieren.

Kürbis-Risotto mit Fisolen

3–4 Portionen

1 kleiner Hokkaido-Kürbis
300 g Fisolen
2 Tassen Risotto-Reis
2 EL Olivenöl
ca. 3/4 l Gemüsebrühe
oder Hühnersuppe

1 Zwiebel
Pfeffer aus der Mühle

1 Prise Salz

1/2 Tasse Weißwein
Saft einer halben Zitrone

1/2 Bund Basilikum
1 TL Paprikapulver

Kürbis schälen, entkernen und in mundgerechte Stücke schneiden. Fisolen waschen, die Enden abschneiden und halbieren. Zwiebel fein hacken.

In einem Topf Olivenöl erhitzen. Reis und Zwiebel darin kurz andünsten. Kürbis und Fisolen zugeben und die Mischung nach und nach mit heißer Gemüsebrühe oder Hühnersuppe aufgießen, ständig umrühren.

Nach ca. 10 Minuten Weißwein und Zitronensaft zugeben und mit Pfeffer und Salz abschmecken. Auf kleine Flamme zurückdrehen und zugedeckt weitere 10 Minuten garen. Bei Bedarf noch etwas Flüssigkeit zugeben.

Zum Schluss das Basilikum fein schneiden und mit dem Paprikapulver zum Risotto geben. Heiß servieren.

Reis

Rundkornreis ist besonders für Risotto oder Süßspeisen geeignet. Seine Wirkung ist nährend, stärkend für die Milz und harmonisieren für den Magen. Langkornreis wirkt dagegen kühlend und tonisiert Magen, Milz und Bauchspeicheldrüse. Durch seine entfeuchtende und diuretische Wirkung ist Reis ein wichtiges Getreide in der Therapie von Übergewicht.

Karottenkuchen

10 Stück
1 Kastenform

5 Karotten
4 Eier
200 g Rohrzucker
125 ml (Reis-, Soja-) Milch
80 g Butter
100 g geriebene Mandeln
1 TL Zimtpulver

1 EL Ingwer, fein gerieben

1 Prise Salz

300 g Dinkelmehl
1/2 Päckchen Backpulver

1 TL Kakaopulver

Den Backofen auf 180 °C vorheizen.

Karotten waschen, putzen und fein raspeln. Eier und Rohrzucker in einer Rührschüssel schaumig schlagen. Milch mit Butter leicht erhitzen, bis die Butter geschmolzen ist, und dann zur Ei-Masse geben.

Die geriebenen Karotten und Mandeln mit Zimt, geriebenem Ingwer, Salz, Dinkelmehl, Backpulver und Kakaopulver zugeben und alles zu einem glatten Teig verrühren.

Eine Kastenform mit Butter ausfetten, mit etwas Mehl bestäuben und den Teig gleichmäßig einfüllen. Den Kuchen etwa 35 Minuten backen. Abkühlen lassen und dann aus der Form stürzen.

Küchentipp

Der Kuchen schmeckt besonders lecker,
wenn er mit einer Schokoglasur überzogen wird.

Trauben-Gerstensalat

100 g Rollgerste
1/2 Zimtstange
250 g Weintrauben
(helle und dunkle gemischt)

1 TL Ingwer, fein gerieben
Minze zum Garnieren

1 Prise Salz

Saft einer Zitrone

1/2 TL Kakaopulver

Die Rollgerste waschen und in Wasser aufkochen. Zimtrinde dazu geben und die Gerste auf kleiner Flamme 40 bis 50 Minuten weich kochen. Dann die Gerste in einem Sieb abgießen und auskühlen lassen.

Weintrauben waschen und halbieren. In einer Schüssel die Weintrauben mit der gekochten Gerste, dem geriebenen Ingwer, Salz, Zitronensaft und Kakaopulver gut vermischen.

Im Kühlschrank 1 bis 2 Stunden durchziehen lassen und mit Minze garniert servieren.

Gerste

Gerste wirkt thermisch kühlend und ist deshalb hervorragend zum Ausleiten von Hitze in der warmen Jahreszeit geeignet. In England wird Barley Water (Gerstenwasser) traditionell zur Fiebersenkung eingesetzt. Nutzen Sie das Kochwasser der gekochten Gerste als erfrischendes Getränk – mit etwas Honig gesüßt. Nach der TCM harmonisiert Gerste den Magen, beseitigt Verdauungsblockaden, entgiftet und erhöht die Diurese (Wasserausscheidung).

Hollerröster

150–200 ml Wasser
1 Prise Salz

50 g Zucker
1 Zimtstange
1 Handvoll Zwetschken (alternativ 2 Äpfel oder 2 Birnen)
1 EL Stärke zum Binden (Mais- oder Kartoffelstärke, Kuzu oder Pfeilwurzelmehl)
100 ml Schlagobers

3 Gewürznelken

Saft einer halben Zitrone

300 g abgezupfte Holunderbeeren
Schale einer halben Zitrone

Wasser in einem Topf mit Zucker, Zimtstange, Nelken, Salz, Zitronensaft, Holunderbeeren und Zitronenschale erhitzen. Zwetschken waschen, entkernen und ebenfalls in den Topf geben. Alternativ Äpfel oder Birnen schälen, Kerngehäuse entfernen und in Spalten schneiden.

Obst aufkochen und 10 bis 15 Minuten weich kochen.

Die Holunderkerne sind gesund und fördern die Verdauung, falls Sie diese aber als störend empfinden, das Obstmus durch ein Sieb passieren.

Schlagobers mit Stärke verrühren und zum Obstmus geben. Nochmals kurz aufkochen.

Küchentipp

Statt in Schlagobers kann die Stärke auch in etwas Rotwein aufgelöst werden. Gehaltvoller wird das Kompott mit Walnüssen: Dazu 50 g Walnüsse über Nacht einweichen und zum Hollerkoch geben. Nochmals kurz aufkochen, damit die Nüsse weich werden.

Element Metall

Herbst

Herbst (18. 8. – 29. 10.) – gut vorbereitet in die kalte Jahreszeit

„Bunt sind schon die Wälder, gelb die Stoppelfelder, und der Herbst beginnt …" Der Text dieses Liedes beschreibt ziemlich genau, was die Natur uns in diesen Monaten bringt. Es umgibt uns ein ungeheures Leuchten an Herbstfarben: die Blätter der Bäume, die Ranken des Weines, die Früchte, die Blumen, der strahlend blaue Himmel und die Luft, die im Herbst ganz besonders riecht. Im Herbst sollten wir uns körperlich auf die kalte Jahreszeit vorbereiten, unser Immunsystem stärken und die Lunge vor Erkältungen schützen. In der fernöstlichen Denkweise wird das Element Metall durch den Herbst verkörpert. Metall steht für das Trennende, die Klinge, das Messer, die Schere. Eigentlich ein Widerspruch zum verbindenden Gefühl, welches uns die Natur in diesen Tagen nahelegt? Nicht in der asiatischen Lehre, wo alles mit allem in Verbindung steht. Die Jahreszeit bringt die Verwandlung, den Übergang des Spätsommers welcher mit dem Erdelement Fülle und Ernte symbolisiert, zu einer Kargheit mit grauen, nebeligen Herbst- und Wintertagen. Die Qualität des Metall-Elements ist wie ein „scharfes Auge", zu wissen, was man hat und worauf man sich verlassen kann. Es kann „die Spreu vom Weizen trennen". Wie der Duft zum Frühling, so gehört der Wind zum Herbst. Der Wind weht das Alte fort und ist der Atem der Natur. Die Arbeit ist vollbracht, alle Früchte sind reif und werden eingebracht: gelbe saftige Birnen, rote Äpfel, dicke Kartoffeln, pralle Trauben und kugelrunde Kürbisse. Spaziergänge bieten sich zum Einsammeln von Nüssen, Maroni und Buchecker an. Genießen Sie die schönen Herbsttage!

Zutaten für das Symbol Metall

- Kürbis
- Quitten
- Radicchio
- Vogerlsalat
- Äpfel
- Birnen
- Kartoffeln
- Rote Rüben
- Reis
- Hafer
- Brokkoli
- Chicorée
- Chinakohl
- Fenchel
- Karotten
- Pilze
- Schwarzwurzeln
- Zwiebel
- Lauch
- Weintrauben

Die Weisheit des fernen Ostens

Eine Übung zum Stärken der Augenmuskulatur, damit Ihr Blick entspannt und ungetrübt ist: Setzen Sie sich aufrecht und entspannt auf einen Sessel. Konzentrieren Sie sich auf Ihre Augen. Nur die Augen sollen bewegt werden, der Kopf bleibt ruhig. Schauen Sie zuerst weit nach oben, dann weit nach unten. Dann schauen Sie nach rechts und nach links. Spüren Sie, wie sich die jeweiligen Muskeln anspannen –

nehmen Sie sich Zeit. Dann schauen Sie in alle vier Ecken: zuerst nach rechts oben, nach rechts unten, nach links unten und nach links oben. Machen Sie den Kreis in die andere Richtung. Dann schließen Sie bitte die Augen und rollen diese langsam dreimal in jede Richtung. Zum Schluss reiben Sie Ihre Hände ineinander bis sie schön warm sind und legen Sie die Handflächen sanft auf die geschlossenen Augen. Einfach genießen!

Heilpflanze der Jahreszeit – die Weintraube

Im Herbst ist die Zeit der Weinlese. Aus den kostbaren Weintrauben wird auch das Traubenkernöl gewonnen. Es ist reich an Vitaminen und enthält mehrfach ungesättigte Fettsäuren und Phenole – Stoffe, die freie Radikale im Körper binden. Diese Phenole sind auch in der Schale der Weintrauben enthalten. Sie verhindern unerwünschtes Zellwachstum (Tumore), beugen frühzeitiger Alterung der Zellen und der Haut vor, verbessern die Blutzirkulation, senken Cholesterinwerte und aktivieren die Verdauung. Die Wirkung der Phenole ist auch im Wein aktiv. Ein Gläschen hin und wieder ist also durchaus erlaubt.

Weintrauben sind die Basis für eine Traubenkur: Essen Sie für 1 bis 3 Tage je 2 bis 3 kg Trauben, hell und dunkel gemischt. Eine Traubenkur reinigt den Körper und baut ihn mit Kalzium, Magnesium, Kupfer, Eisen, Phosphor und einer Vielzahl an Enzymen wieder auf. Zum Trinken gibt es lediglich Wasser.

Haferflocken-Porridge mit Honig-Ingwer-Äpfeln

1 Tasse Haferflocken
2 TL Ingwer, gerieben

2 Tassen Wasser
1/2 Tasse Wasser oder Apfelsaft

Saft einer Zitrone

1 TL Kakaopulver
1 Prise Curcumapulver (Gelbwurz)

1/2 TL Zimtpulver
2 Äpfel
2 EL Honig
etwas Vanillepulver oder Mark einer halben Vanilleschote

Haferflocken mit Wasser in einem Topf aufkochen, mit der Hälfte des Zitronensafts, Kakao und Zimt abschmecken und dann auf kleiner Flamme 10 bis 15 Minuten zu einem Porridge einkochen. Bei Bedarf noch etwas Wasser zugeben.

In der Zwischenzeit die Äpfel waschen, vierteln, Kerngehäuse heraus schneiden und die Apfelspalten fein blättrig schneiden. Wasser oder Apfelsaft in einem Topf mit Zitronensaft, Curcumapulver, Honig und Vanillepulver erwärmen. Den geriebenen Ingwer und die Apfelspalten zugeben und einige Minuten dünsten.

Das Porridge auf zwei Schüsseln verteilen und mit Äpfeln servieren.

Hafer

Hafer zählt zu den gesündesten Getreidearten und wird in China seit dem 7. Jahrhundert n. Chr. als Heilmittel erwähnt. Er hat einen positiven Einfluss auf den Cholesterinspiegel, kräftigt Muskeln, Sehnen und Nerven, beseitigt Feuchtigkeit und stärkt das Herz und die Mitte.

Gebratene Hirse mit Ei

100 g Champignons
2 Tassen gekochte Hirse
1 EL Butter
2 Eier

2 Chicorée
1 Prise Bockshornklee-samenpulver

1 Prise Koriander, gemahlen
Pfeffer aus der Mühle

1 Prise Salz

Saft einer halben Zitrone

Champignons putzen und in Scheiben schneiden. Vom Chicorée die äußeren Blätter entfernen, von der Spitze her in dünne Streifen schneiden und auf zwei Teller geben.

In der heißen Pfanne die Butter schmelzen lassen, Champignonscheiben in der Pfanne verteilen, gekochte Hirse mit der Gabel auflockern, in die Pfanne geben. Mit Koriander, Pfeffer, Salz, Zitronensaft und Bockshornkleesamen würzen. Die Pfanne etwas schütteln, damit sich alles gut verteilt und bei mittlerer Hitze zugedeckt 2 bis 3 Minuten dünsten. In einer zweiten Pfanne zwei Spiegeleier braten. Champignon-Hirse auf dem Chicorée mit je einem Spiegelei anrichten.

Küchentipp

Wer es herzhafter mag, kann etwas mageren Schinken mitbraten, das intensiviert den Geschmack. Statt Chicorée kann man auch gut Vogerlsalat, Radicchio oder Rucola verwenden. Statt der Champignons passt auch jedes andere gekochte Gemüse. So können Gemüsereste z. B. vom Vortag gut verwertet werden, bzw. gleich 2 bis 3 EL mehr Gemüse kochen/dünsten und fürs Frühstück zur Seite stellen. Im Sommer passt auch gut eine Tomate, gewürzt mit Basilikum oder Oregano.

Zucchini-Räucherforellen-Roulade

1 Zucchini
Olivenöl zum Braten

Pfeffer aus der Mühle

1 Prise Salz
100 g Räucherforelle
(alternativ kann auch
Schinken verwendet werden)

1/2 Bund Basilikum
100 g Frischkäse oder Topfen

1 Prise Paprikapulver

Die Zucchini der Länge nach in Scheiben von ca. 0,5 cm schneiden. Olivenöl in einer Pfanne erhitzen und die Zucchinischeiben auf jeder Seite kurz braten. Mit Pfeffer und Salz würzen. Ein Stück Klarsichtfolie auflegen und die gebratenen Zucchinischeiben nebeneinander darauf legen.

Basilikum waschen und fein hacken. Frischkäse oder Topfen mit gehacktem Basilikum und Paprikapulver vermischen und auf die Zucchini-Scheiben streichen. Die Räucherforelle gleichmäßig darauf verteilen und alles zu einer Roulade aufrollen. Klarsichtfolie spannen und am besten über Nacht kühl stellen.

Am Morgen die Roulade aufschneiden und mit etwas Vogerl- oder Rucolasalat anrichten. Dazu passt ein Stück Roggen- oder Dinkelbrot.

Zucchini

Zucchini gibt es in unterschiedlichen Zuchtformen und Farben. Auf Bauern- oder Biomärkten sind häufig auch gelbe Sorten erhältlich. Besonders schmackhaft sind die kleinen Zucchini. Eine Delikatesse sind die gelben Zucchini-Blüten, die entweder gefüllt mit Kräutern in Olivenöl gebraten oder im Backteig frittiert serviert werden. Als Gemüse sind Zucchini sehr bekömmlich und vielseitig in der Küche verwendbar – als Suppe, Antipasti, Beilagen-Gemüse, geraspelt in Kuchen oder gefüllt und überbacken.

Schwarzwurzel-Maroni-Salat

200 g Schwarzwurzeln
20 Maroni
4 EL Rapsöl

Pfeffer aus der Mühle
Kresse zum Garnieren

1 Prise Salz

Saft einer Zitrone
4 EL Weißwein-Essig
1/2 Bund Petersilie

1 kleiner Endiviensalat
1 EL Buchweizenmehl

Die Erde von den Schwarzwurzelstangen abbürsten, dann gründlich waschen und unter fließendem Wasser mit einem Kartoffelschäler vom dicken zum dünnen Ende hin schälen. Damit möglichst wenig Saft austritt, die Wurzeln sofort in Essigwasser oder mit Zitronensaft gesäuertes Wasser legen. Die Schwarzwurzeln dann in 5 cm lange Stücke schneiden und der Länge nach vierteln.

Die Maroni kreuzweise einschneiden und im Backofen bei 180 °C für 10 bis 15 Minuten backen. Maroni aus der Schale lösen und in Scheiben schneiden. Endiviensalat in mundgerechte Stücke zerteilen, waschen und abtropfen lassen.

In einer heißen Pfanne 1 EL Rapsöl erhitzen und die Schwarzwurzelstücke darin anbraten. Mit Pfeffer und Salz abschmecken, mit Zitronensaft ablöschen und mit Buchweizenmehl bestäuben. Gut durchrühren und 8 bis 10 Minuten weiter dünsten. Bei Bedarf etwas Wasser zugeben.

Die gedünsteten Schwarzwurzeln in eine Schüssel geben, das restliche Öl und die Maronistücke zugeben. Nochmals mit Pfeffer und Salz abschmecken, den Essig zugeben und den Salat kurz durchziehen lassen. Den Endiviensalat als Nest auf zwei Tellern anrichten und den Schwarzwurzel-Maroni-Salat darauf anrichten. Mit Kresse garniert servieren.

Herbstliche Kohlsuppe

100 g Sellerieknolle
250 g Kohl
1 EL Rapsöl

1 Zwiebel
1 Knoblauchzehe
Pfeffer aus der Mühle

1 Prise Salz
500 ml Wasser oder Gemüsebrühe
2 EL Parmesan, gerieben

50 g Grünkernschrot

1 Prise Paprikapulver

Sellerie in Würfel schneiden. Kohl waschen, Blätter übereinander legen und in dünne Streifen schneiden. Zwiebel und Knoblauch schälen und fein hacken.

In einem großen Topf Öl erhitzen, Gemüse, Zwiebel und Knoblauch darin anbraten, mit Pfeffer und Salz würzen und dann mit Wasser oder Gemüsebrühe aufgießen.

Grünkernschrot und Paprikapulver zugeben und die Suppe 15 bis 20 Minuten kochen.

Die Suppe dann mit dem Stabmixer fein pürieren, nochmals abschmecken und den geriebenen Parmesan unterrühren. Heiß servieren.

Grünkern

Grünkern sind halbreif geerntete Dinkelkörner, die über dem Holzfeuer gedarrt wurden. Der Geschmack von Grünkern ist intensiv. Was die thermische Wirkung angeht, ist Grünkern wärmend und daher ideal für kalte Herbsttage. Er wirkt entstauend und somit positiv auf Leber und Gallenblase.

Mais-Mangold-Türmchen mit Paprika-Rahm

1 Tasse (Soja- oder Reis-) Milch
2 Eier
150 g gekochte Maiskörner
300 g Mangold (oder Spinat)
1 EL Olivenöl
Rapsöl zum Braten

Pfeffer aus der Mühle
1 Knoblauchzehe
1 kleine Zwiebel
1 TL Kümmel

1 Prise Salz

100 g Dinkelmehl
1/2 Bund Petersilie
Saft einer halben Zitrone
100 ml Sauerrahm

1/2 TL Basilikum, getrocknet
1 Prise Muskatnuss, gemahlen
1 TL Paprikapulver

Milch mit Eiern verquirlen. Maiskörner mit Pfeffer, Salz, Mehl, gehackter Petersilie und Basilikum dazu geben und gut verrühren.

Mangold waschen, Stiele fein und Blätter grob schneiden. Zwiebel und Knoblauch fein hacken.

Öl in einer Pfanne erhitzen. Knoblauch und Zwiebel glasig dünsten. Mangold zugeben, zusammenfallen lassen und mit Pfeffer, Salz, Zitronensaft und Muskatnuss abschmecken.

In einer weiteren Pfanne etwas Rapsöl erhitzen, mit einem Löffel Teighäufchen in die Pfanne geben und so die Masse nach und nach beidseitig goldgelb zu Maispuffern braten. Die Hälfte der Maispuffer auf zwei Teller verteilen und mit je der Hälfte der Mangoldmasse belegen. Mit den anderen Maispuffern bedecken und die Türmchen heiß servieren.

Sauerrahm mit Paprika verrührt als Soße reichen.

Herbstlicher Gemüse-Eintopf mit Rind

- 250 g mageres Rindfleisch
- 4 Kartoffeln
- 1 Handvoll Fisolen
- 1/2 Kohlkopf
- 2 Karotten
- 1/2 Tasse (Soja-) Schlagobers oder Crème fraîche

- 1 Zwiebel
- 2 Knoblauchzehen
- 1 TL Thymian, getrocknet
- Pfeffer aus der Mühle
- 1 TL Korianderkörner

- 1 Prise Salz
- 1–2 Tassen Wasser oder Gemüsebrühe

- 1/2 Bund Petersilie

- 1 TL Paprikapulver

Rindfleisch in kleine Würfel schneiden. Kartoffeln waschen, schälen und in mundgerechte Stücke schneiden. Fisolen waschen, putzen und in 2 bis 3 cm lange Stücke schneiden. Kohl waschen, Strunk herausschneiden und in Streifen schneiden. Karotten putzen und in Scheiben schneiden. Zwiebel und Knoblauch fein hacken.

Wasser oder Gemüsebrühe in einem großen Topf erhitzen. Die Rindfleischwürfel, Kartoffeln, Fisolen, Karotten, Kohlstreifen, Zwiebel und Knoblauch dazugeben und aufkochen lassen. Mit Thymian, Pfeffer, Korianderkörnern und Salz abschmecken und zugedeckt 25 bis 30 Minuten zu einem Eintopf kochen.

Petersilie fein hacken und mit Paprikapulver und Obers oder Crème fraîche zum Eintopf geben und gut umrühren. Bei Bedarf nochmals mit Pfeffer und Salz abschmecken.

Kohl & Koriander

Kohl ist aufgrund seines hohen Vitamin C-Gehalts eine wertvolle heimische Zutat in unserer Winterküche. Allerdings wirkt er leicht blähend. Die Zugabe von Korianderkörnern hilft der Verdauung. Koriandersamen stärken den Magen, wirken entblähend und tonisieren durch den scharfen/warmen Geschmack vor allem Lunge und Milz.

Zucchini-Gemüse mit Reis-Laibchen

1 Zucchini
Sonnenblumenöl zum Braten
1 Ei

1 Zwiebel
Pfeffer aus der Mühle
200 g gekochter Reis

1 Prise Salz

10 Cocktail-Tomaten

1/2 Bund Basilikum
1 Zweig Rosmarin

Zucchini waschen, halbieren und in Scheiben schneiden. 2 EL Öl in einer Pfanne erhitzen. Zwiebel schälen, fein hacken und im Öl anbraten. Zucchinischeiben dazu geben, mit Pfeffer und Salz abschmecken und kurz dünsten.

In der Zwischenzeit das Ei in einer Schüssel mit dem gekochten Reis verrühren. Mit Pfeffer und Salz würzen und mit feuchten Händen Laibchen formen. In einer weiteren Pfanne 4 EL Öl erhitzen und die Laibchen nacheinander knusprig braten.

Die Tomaten waschen und zu den Zucchinischeiben geben. Basilikum waschen, trocken schütteln und fein hacken. Rosmarin vom Zweig rebeln und mit dem Basilikum zum Gemüse geben. Bei Bedarf nochmals abschmecken. Das Zucchini-Gemüse mit den Laibchen servieren.

Küchentipp

Dieses Rezept ist sehr gut zur Resteverwertung von gekochtem Getreide geeignet. Statt Reis kann auch ein anderes Getreide, wie z. B. Hirse, Quinoa oder Buchweizen, verarbeitet werden.

Krautstrudel mit Birne

2–3 Portionen
1 Strudel

200 g Weißkraut
2 EL Rapsöl
2 Birnen
4 EL geriebene Nüsse (Walnüsse, Haselnüsse, …)
1 EL Butter
2 Strudelteigblätter aus dem Kühlregal

Pfeffer aus der Mühle
1 TL Kümmel, ganz

1 Prise Salz

1/2 Bund Petersilie

1/2 TL Paprikapulver

Backofen auf 180 °C vorheizen.

Die äußeren Blätter vom Weißkraut entfernen, Strunk herausschneiden und Kraut in dünne Streifen schneiden. Öl in einem Topf erhitzen und das Kraut darin etwa 10 Minuten weich dünsten.

Birnen waschen, Kerngehäuse entfernen und in kleine Würfel schneiden. Petersilie fein hacken. Kraut mit Birnenwürfeln, Nüssen, Pfeffer, Kümmel, Salz und Paprikapulver gut vermischen.

Backblech mit Backpapier auslegen. Butter zerlassen. Die 2 Strudel-Teigblätter auf ein Küchentuch legen und die Fülle in der Mitte gleichmäßig verteilen. Die Ränder mit Butter bestreichen. Den Teig seitlich einschlagen und dann über die Fülle straff einrollen. Den Strudel auf das Blech legen und mit Butter bestreichen. Im Backofen 15 bis 20 Minuten goldgelb backen.

Karotten-Brokkoli-Hühnerpfanne mit Reis

2 Zwiebeln
3 Gewürznelken
1 Tasse Basmati-Reis
Pfeffer aus der Mühle

2 Tassen Wasser
1 Prise Salz

250 g Hühnerfilet
1/2 Bund Petersilie

2 EL Raps- oder Olivenöl
1 Handvoll Brokkoliröschen
4 Karotten
2–3 Blätter Chinakohl

1 TL Curcumapulver (Gelbwurz)
1/2 TL Bockshornklee-samenpulver

Eine Zwiebel schälen und mit den Gewürznelken spicken. Reis mit Wasser, gespickter Zwiebel und einer Prise Salz in einem Topf erhitzen, aufkochen lassen und auf kleiner Flamme 15 bis 20 Minuten ausquellen lassen. Hühnerfilet waschen, trocken tupfen und in dünne Streifen schneiden. Öl in einem Wok oder in einer Pfanne erhitzen. Hühnerstreifen zugeben und scharf anbraten. Mit Curcumapulver würzen und einige Minuten braten. In der Zwischenzeit Brokkoli waschen und in mundgerechte Stücke zerteilen, Karotten putzen, waschen und in Scheiben schneiden. Brokkoli und Karotten zum Huhn geben und unter Rühren knackig anbraten. Die zweite Zwiebel schälen, halbieren, in Halbkreise schneiden und in die Pfanne geben und mitbraten. Mit Pfeffer und Salz abschmecken. Petersilie waschen, fein hacken und mit dem Bockshornkleesamenpulver in die Pfanne geben. Zum Schluss den Chinakohl waschen, zusammenrollen, in Streifen schneiden und kurz mitbraten. Reis auf zwei Teller verteilen und mit der Huhn-Gemüse-Mischung servieren.

Huhn & Chinakohl

Hühnerfleisch ist sehr nährend und tonisierend. Gemeinsam mit dem Gemüse stärkt es unsere „Mitte", das sind unsere Organe Milz und Magen. Chinakohl unterstützt zusätzlich unsere Lunge, und ist somit eine gute Vorbeugung vor Erkältungen.

Gegrillte Lammkoteletts mit Quitten

2 mittelgroße Quitten
4 Lammkoteletts
einige Thymianzweige
1 Prise Paprikapulver

2 Zwiebeln
1/2 Chilischote
2 Knoblauchzehen
2 Lorbeerblätter
Pfeffer aus der Mühle

2 Tomaten
50 ml Weißwein

1 EL Butter

1 Prise Salz

Quitten waschen, schälen, halbieren und mit einem Esslöffel das Kerngehäuse und die holzigen Teile herausschaben, dann in Würfel schneiden. Zwiebel, Chilischote und Knoblauch fein hacken. Tomaten in Würfel schneiden.

Butter in einer Pfanne erhitzen, Zwiebel, Knoblauch und Chilischote andünsten und dann die Quitten zugeben.

Nach und nach Lorbeerblätter, Pfeffer, Salz, Tomatenwürfel, Weißwein und Paprikapulver zugeben und bei mittlerer Hitze etwa 15 Minuten einkochen lassen.

In der Zwischenzeit die Lammkoteletts abspülen, trocken tupfen, mit Öl bestreichen, mit Thymian-Zweigen belegen und entweder auf einem Grill oder in einer weiteren Pfanne auf jeder Seite 5 Minuten braten.

Mohnnudeln

4–5 gekochte mehlige Kartoffeln
2 EL Kamut- oder Dinkelgrieß
3 EL Butter
1 Ei
Staubzucker oder Honig zum Süßen
1 TL Zimtpulver

1 Prise Kardamompulver

1 Prise Salz

50 g Dinkelmehl

50 g Mohn (Blau- oder Graumohn), fein gequetscht oder gemahlen

Kartoffeln schälen und noch heiß durch die Kartoffelpresse drücken. Die Kartoffeln mit Grieß, 2 EL Butter, Ei, Zimtpulver, Kardamompulver, Salz und Dinkelmehl zu einem Teig verkneten. Auf einer bemehlten Fläche den Teig zu daumendicken Rollen formen, in ca. 2 cm dicke Scheiben schneiden und diese zu fingerdicken Nudeln rollen.

In einem Topf Salzwasser aufkochen und die Nudeln darin bei schwacher Hitze leicht kochen, bis sie an der Oberfläche schwimmen. Das dauert ca. 5 Minuten.

Den Mohn in 1 EL Butter anrösten. Die Nudeln abgießen und im Mohn wälzen. Mit Staubzucker oder Honig nach Geschmack süßen und am besten heiß servieren.

Als Beilage Apfelmus oder Birnenkompott reichen.

Mohn

Mohn enthält viel Kalzium und ist eine gute Ergänzung ihrer Ernährung, wenn Sie nur selten Milchprodukte verwenden.

Apfelbrot

2 kleine Brote oder 1 Kastenform

1,5 kg Äpfel
500 g Dörrzwetschken oder Feigen
300 g Rosinen
200 g Nüsse (Walnüsse, Mandeln, Haselnüsse, ...)
200 g Zucker oder 150 g Honig
1 EL Zimtpulver

1 EL Nelkenpulver
1 EL Pimentpulver

1 Prise Salz

Saft einer Zitrone
300 g Dinkelmehl
2 EL Backpulver

1 EL Kakaopulver
3 EL Rum
300 g Buchweizenmehl

Äpfel waschen, Kerngehäuse heraus schneiden und grob raspeln. Dörrzwetschken oder Feigen klein hacken. Nüsse grob hacken. Die geriebenen Äpfel mit Dörrzwetschken oder Feigen, Rosinen, Zucker bzw. Honig, Nüssen, den Gewürzen, Zitronensaft, Kakaopulver und Rum vermischen.

Die ganze Masse über Nacht in einem kühlen Raum oder im Kühlschrank rasten lassen.

Am nächsten Tag den Backofen auf 170 °C vorheizen.

Das mit Backpulver vermischte Mehl unter die Fruchtmasse rühren oder kneten, bis ein glatter Teig entsteht. Bei Bedarf mehr Mehl zufügen.

Aus dem Teig zwei kleine Brote formen und auf einem mit Backpapier ausgelegtem Blech backen oder den Teig in eine gefettete Kastenform füllen und 70 bis 90 Minuten backen.

Quittenmus

1 kg Quitten

2 Tassen Wasser

100 g Vollrohrzucker
1 Vanilleschote
1 Zimtstange

2 Sternanis
4 Gewürznelken
1 Prise Muskatnuss, gemahlen

Saft einer Zitrone

Quitten waschen, bürsten und in grobe Stücke schneiden.

In einem großen Topf 2 Tassen Wasser erhitzen und die Quittenstücke mit dem Zucker, der aufgeschnittenen Vanilleschote, den Gewürzen und dem Zitronensaft 30 bis 45 Minuten kochen.

Die Gewürze entfernen und die weichen Quittenstücke durch ein Sieb oder eine „Flotte Lotte" streichen.

Bei Bedarf mit Zucker oder Honig nachsüßen.

Küchentipp

1 kg Quitten ergibt etwa 500 g Quittenpüree. Das Püree eignet sich hervorragend als Beigabe zum warmen Getreidefrühstück. Dazu das heiße Püree in saubere Schraubgläser einfüllen, auf den Kopf stellen und auskühlen lassen. So hält es im Kühlschrank ca. 2 Wochen.

Element Wasser
Winter

Winter (16. 11. – 27. 1.) – Zeit des Sammelns und der Stille

Die Winterzeit ist die Zeit der Ruhe und der Stille. Die Natur ruht unter einer dicken, weißen Decke. Die Tage werden kürzer, es ist kalt. Die beste Zeit für heiße Suppen, Eintöpfe und hin und wieder Schokolade oder Süßes, um die Stimmung zu heben. Den Körper zu wärmen ist jetzt die Devise. Vermeiden Sie kühlende Zutaten wie Zitrusfrüchte, rohe Gemüse (z. B. Gurken, Tomaten, Paprika) und rohes Obst im Übermaß. Wärmend für den Körper sind Gewürze (Zimt, Ingwer, Nelken, Rosmarin, Thymian, ...), Wildgerichte, Wurzel- und Kohlgemüse, Hülsenfrüchte und lang gekochte Suppen oder Eintöpfe. Traditionelle Stärkungsmittel sind Ginseng, kräftige Hühnersuppen oder Gerichte mit Lamm. Der Körper benötigt in der winterlichen Kälte mehr Nährstoffe und Energie. Gewährleistet wird das durch eine verbesserte Aufnahmefähigkeit und Verdauungsfunktion, vor allem, wenn Sie in dieser Zeit bekömmliche Speisen zu sich nehmen. Das stärkt Ihre Immunabwehr und bildet die Grundlage für die Gesundheit im kommenden Jahr. Ein chinesisches Sprichwort lautet: „Sich in diesem Jahr stärken, um im nächsten Jahr den Tiger zu erlegen."

Im Winter erreicht das „Yin" seinen Höhepunkt – Ruhe ist deshalb angesagt. Die Empfehlung lautet: früh zu Bett gehen und spät aufstehen, Kälte meiden und Wärme suchen. Diese Maßnahmen helfen Ihnen, Energie zu speichern und gesund zu bleiben. Besonders wichtig ist es, die Nieren-Energie zu schützen und zu stärken. Die Nieren beherbergen die Körper-Essenzen und sind zuständig für Wachstum und Fortpflanzung. Achten Sie deshalb auf warme Kleidung, vor allem im unteren Rücken und der Nierengegend.

Zutaten für das Element Wasser

- Zwiebeln
- Karotten
- Kartoffeln
- Sellerie
- Rote Rüben
- Knoblauch
- Kohl
- Weißkraut
- Rotkraut
- Lauch
- Äpfel
- Kürbis
- Birnen
- Endiviensalat
- Chinakohl
- Petersilienwurzeln
- Pastinaken
- Kohlsprossen
- Maroni
- Trockenfrüchte
- Kletzen (Dörrbirnen)
- Nüsse

Die Weisheit des fernen Ostens

Nach der chinesischen Medizin geht es im Winter nicht um Aktivitäten, sondern um das Betrachten des Erreichten. Mit Distanz gilt es, Dinge anzuschauen. Wenn Sie Erfahrung in Meditation haben, dann nutzen Sie dafür die grauen und stillen Winter-Tage. Für „Anfänger" bietet sich die folgende Yoga-Übung als Konzentrationshilfe an. Mit dieser Übung stellt sich schnell ein Gefühl von Ruhe und Kraft ein und sie wirkt außerdem vorbeugend gegen Erkältungen und Nebenhöhlenentzündungen.

Die Wechsel-Atmung: Setzen Sie sich bequem, aber aufrecht auf einen Stuhl oder in den Schneidersitz. Atmen Sie einige Male tief ein und aus. Dann verschließen Sie mit dem Daumen der rechten Hand das rechte Nasenloch und atmen langsam durch das linke Nasenloch ein. Halten Sie kurz den Atem an. Nun lösen Sie den Daumen und wechseln: Dazu schließen Sie mit dem Ringfinger das linke Nasenloch und atmen durch das rechte aus. Zeige- und Mittelfinger biegen Sie nach innen. Dann atmen Sie durch das rechte Nasenloch wieder ein und wechseln: Der Daumen schließt den rechten Nasenflügel und Sie atmen links langsam aus. Links einatmen und rechts ausatmen. Diese Wechselatmung ist eine tiefe Reinigungsübung, die nicht nur den Atem, sondern auch den Geist beruhigt. Täglich zwei bis drei Minuten genügen.

Heilpflanze der Jahreszeit – die Zimtrinde

Der Zimtbaum galt in der chinesischen Mythologie als Lebensbaum und wird seit 5.000 Jahren als Gewürz- und Heilpflanze verwendet. Seine Früchte sollen beim Eintritt ins Paradies Unsterblichkeit und ein glückliches Leben verleihen. Ceylon-Zimt, die edelste Zimtsorte, stammt ursprünglich aus Ceylon (Sri Lanka). Er schmeckt sehr fein und ist milder als der scharfe

und billige Cassia-Zimt aus China. Ins Gerede gekommen ist Cassia-Zimt wegen eines höheren Gehalts an Cumarin. Cumarin, ein in zahlreichen Pflanzen vorkommender Stoff, ist in hohen Dosen leberschädigend. Deshalb wird für Kinder vor übermäßigem Genuss von Zimtsternen gewarnt. Bei Verwendung in haushaltsüblichen Mengen ist normalerweise aber keine Belastung zu erwarten. Als Heilmittel wird Zimt bei Verdauungsbeschwerden, rheumatischen und arthritischen Beschwerden verwendet. Aktuell wird Zimt auch im Hinblick auf eine günstige Wirkung bei Diabetes erforscht. In der TCM gilt Zimt als wärmend und die Nieren stärkend. In der Küche ist Zimt für fast alles verwendbar: für Süßspeisen, Gebäck, Kompotte, Tees, Milchreis, Lebkuchen, aber auch für Gulasch, Geschnetzeltes oder Eintöpfe ist der süß-aromatische, leicht bittere Geschmack hervorragend geeignet.

Reis-Congee mit Mandeln und Obst

6–8 Portionen

1 Tasse Natur-Reis
2 Scheiben frischer Ingwer
4 Kardamomkapseln

100 g Mandeln oder Walnüsse
pro Portion etwa
eine Handvoll saisonales Obst
(Äpfel, Birnen)

10 Tassen Wasser
Minze oder Melisse
zum Garnieren

1 Zitronenscheibe

1/2 TL Kakaopulver

In einem hohen Topf den Natur-Reis mit Mandeln oder Walnüssen, Ingwer, Kardamomkapseln, Wasser, Zitronenscheibe und Kakaopulver aufkochen und dann zugedeckt 2 bis 4 Stunden auf kleiner Flamme köcheln lassen. Je länger die Kochzeit, desto leichter verdaulich ist das Congee. Bei Bedarf noch etwas Wasser zufügen, bis ein dickflüssiger Brei entsteht.

Das Congee in einer Schüssel mit klein geschnittenem Obst anrichten. Bei Bedarf mit etwas Honig süßen.

Mit Minze oder Melisse garniert servieren.

Küchentipp

Das Congee kann für mehrere Tage vorgekocht werden und lässt sich dann vielfältig kombinieren, z. B. süß mit Kompott, Obst und Nüssen/Samen oder pikant mit Gemüse der Saison, Hülsenfrüchten, Pilzen, Tofu, frischen Kräutern. Congee dazu heiß in Schraubgläser füllen und im Kühlschrank lagern (bis zu einer Woche haltbar).

Rührei mit Stangensellerie

2 Stangen Sellerie (ca. 150 g)
1 EL Sonnenblumenöl
3–4 Eier

Pfeffer aus der Mühle

1 Prise Salz
2–3 EL Wasser

2 EL Petersilie, fein gehackt

1 Prise Paprikapulver

Stangensellerie waschen, die Enden abschneiden und in dünne Scheiben schneiden. Sonnenblumenöl in einer beschichteten Pfanne erhitzen und Sellerie darin kurz andünsten.

Eier mit Pfeffer, Wasser, Salz, gehackter Petersilie und Paprikapulver mit einer Gabel vorsichtig verrühren. Die Ei-Masse nicht zu lange schlagen, weil sonst das Rührei zäh wird. Einfach sanft verrühren bis sich die Flüssigkeit und das Ei schön vermischen.

Ei-Masse zum Sellerie geben und bei mittlerer Hitze braten, bis das Rührei die gewünschte Konsistenz erreicht hat. Achten Sie darauf, dass das Rührei nicht zu heiß gebraten wird, weil es sonst austrocknet. Rührei dann auf zwei Tellern verteilen und heiß servieren.

Stangensellerie

Stangensellerie hat einen intensiven Geschmack und ist sehr gesund. In der TCM wird Stangensellerie häufig eingesetzt, um die Leber bei ihrer Entgiftungsfunktion zu unterstützen. Er wirkt erfrischend, unterstützt den Aufbau von Blut und Säften und sein aromatischer Geschmack wirkt gegen Leber-Qi-Stagnation.

Hühnerkraftsuppe mit Wintergemüse

1 Suppenhuhn oder Hühnerteile
Saft einer halben Zitrone
1/2 Bund Petersilie

3 Liter Wasser
1 Prise Salz

4 kleine Karotten
1/2 Sellerieknolle
1 Petersilienwurzel
1 Zimtstange, 2 Kartoffeln

1 EL Wacholderbeeren
4 Scheiben frischer Ingwer
1 EL Pfefferkörner
3 Lorbeerblätter, 3 Sternanis
5 Kardamomkapseln
1 Prise Muskatnuss, gemahlen

1 Handvoll Kohlsprossen
1 EL Bockshornkleesamen
1 TL Curcumapulver (Gelbwurz)
1 Bund Schnittlauch

Hühnerteile im Topf mit heißem Wasser bedecken und kurz aufkochen lassen – entstehenden Schaum abschöpfen bzw. abgießen und Hühnerteile mit frischem Wasser (etwa 3 Liter) neu aufsetzen. Karotten und Sellerie putzen, grob schneiden und mit Zimt, Wacholder, Ingwer, Pfeffer, Lorbeerblätter, Sternanis, Kardamomkapseln in die Suppe geben. Mit einer Prise Salz und Zitronensaft abschmecken. Dann Bockshornkleesamen und Curcumapulver zur Suppe geben und die Suppe zugedeckt auf kleiner Flamme für mindestens 2 Stunden kochen lassen. Um das Fleisch später als Suppeneinlage weiter zu verwenden, die Hühnerteile nach 45 Minuten aus der Suppe nehmen, Fleisch vom Knochen lösen und die Knochen zurück in die Suppe geben. Das Fleisch beiseite stellen. Die fertige Suppe abseihen und etwa 400 ml beiseite nehmen. Den Rest der Suppe noch heiß in Schraubgläser einfüllen, abkühlen lassen und im Kühlschrank bis maximal 5 Tage aufbewahren.

Kartoffeln schälen und in Würfel schneiden. Die Kohlsprossen waschen, putzen, halbieren und mit den Kartoffeln in der Suppe 5 bis 10 Minuten weich kochen. Mit Muskatnuss, Pfeffer und Salz abschmecken. Einen Teil des Hühnerfleisches auf zwei Suppentellern verteilen, mit der Kohlsprossen-Suppe auffüllen und mit fein geschnittenem Schnittlauch bestreut servieren.

Wärmende Krautsuppe

2 Karotten
1 EL Sonnenblumenöl
1/2 Zimtstange

1 Zwiebel
Pfeffer aus der Mühle
1 Prise Cayennepfeffer oder
eine halbe Chilischote

350–400 ml Wasser
oder Gemüsebrühe
50 g Räucherspeck
1 Prise Salz

250 g Sauerkraut

1 TL Paprikapulver
1 EL Tomatenmark

Die Karotten putzen und in dünne Scheiben schneiden. Zwiebel und Chilischote fein hacken. Speck in kleine Würfel schneiden.

Öl in einem Topf erhitzen und die Karotten mit Zwiebel, Chili (oder Cayennepfeffer) und Speck unter Rühren anrösten. Mit Wasser oder Gemüsebrühe aufgießen. Sauerkraut mit Tomatenmark, Paprikapulver und Zimtstange zugeben und gut durchrühren.

Zugedeckt die Suppe auf mittlerer Flamme ca. 20 Minuten köcheln lassen. Mit Pfeffer und Salz abschmecken.

Sauerkraut

Sauerkraut wird aus Kraut durch Milchsäuregärung hergestellt. Die dabei entstehende Milchsäure wirkt positiv auf die Darmflora und unterstützt die Immunabwehr. Beim Gärungsvorgang entsteht außerdem Cobalamin, bekannt als Vitamin B12, das sonst nur in tierischen Produkten vorkommt. Sauerkraut ist daher für Vegetarier besonders wertvoll.

Hühnerfilet mit Rosmarinsauce und Rosinen-Apfel-Kraut

1 kleines Rotkraut
1 EL Rosinen
1 Apfel
1 EL Rapsöl
1 EL Olivenöl

1 kleine Zwiebel
2 Gewürznelken
1 TL Ingwer, fein gehackt
Pfeffer aus der Mühle

1 Prise Salz
1–2 Tassen Wasser
oder Gemüsebrühe

200 g Hühnerfilet
1 EL Apfelessig
1 EL Dinkelmehl
2 EL Sauerrahm

1/2 EL getrocknete
Orangenschale
einige frische Rosmarinnadeln

Vom Rotkraut die äußeren Blätter entfernen, halbieren, Strunk herausschneiden und Kraut in feine Streifen schneiden. Rapsöl in einem Topf erhitzen und Rotkraut unter Rühren anrösten. Apfel waschen, Kerngehäuse entfernen und in Würfel oder feinblättrig schneiden. Die Apfelstücke mit den Rosinen zum Rotkraut geben. Zwiebel fein hacken und mit den Nelken zum Rotkraut geben. Mit Pfeffer und Salz abschmecken und mit Essig ablöschen. Dinkelmehl unterrühren und mit Wasser oder Gemüsebrühe aufgießen. Orangenschale zugeben und das Kraut 15 bis 20 Minuten bei mittlerer Hitze weich dünsten.

In der Zwischenzeit Huhn waschen, trocken tupfen und in 2 bis 3 kleine Filets schneiden. Die Hühnerfilets mit Pfeffer und Salz würzen. Öl in einer beschichteten Pfanne erhitzen und die Hühnerfilets beidseitig ca. 5 Minuten braten. Filets aus der Pfanne nehmen und kurz warm stellen.

Im Bratrückstand den Ingwer kurz anbraten und mit etwas Wasser aufgießen. Rosmarin fein hacken. Die Soße vom Herd nehmen und Sauerrahm mit den gehackten Rosmarinnadeln einrühren. Hühnerfilets auf zwei Teller verteilen, mit der Soße garnieren und Rotkraut dazu servieren.

Ofengemüse „Marokko"

(6 Pers.)

750g 250 g Weißkraut
6 2 Karotten
3 1 roter Paprika
12 4 EL Olivenöl

3 1 Zwiebel
1,5 1/2 Chilischote
1 TL Kreuzkümmel, gemahlen
1 TL Koriander, gemahlen
1/2 Bund Minze
Pfeffer aus der Mühle

300g 100 g Kichererbsen
1 Prise Salz
200 ml Wasser
oder Gemüsebrühe

Saft einer halben Zitrone
750ml 250 ml Joghurt
oder Frischkäse

1 TL Curcumapulver
(Gelbwurz)
1/2 TL Bockshornklee-
samenpulver

Kichererbsen über Nacht oder mindestens 8 Stunden in Wasser einweichen. Kichererbsen abgießen, mit Wasser spülen und mit frischem Wasser in einem Topf etwa 45 Minuten kochen, bis sie weich sind. Backofen auf 180 °C vorheizen. Weißkraut in feine Streifen schneiden. Karotten waschen, putzen und in dünne Scheiben schneiden. Paprika waschen, halbieren und in dünne Streifen schneiden. Zwiebel in Ringe schneiden, Chilischote fein hacken. Das Gemüse in eine Auflaufform oder auf ein mit Backpapier ausgelegtes Backblech geben. Gekochte Kichererbsen dazu geben. Das Gemüse mit Olivenöl, Kreuzkümmel, Koriander, Pfeffer und Salz würzen. Wasser oder Gemüsebrühe und Zitronensaft zugeben und mit den Händen alles gut durchmischen. Das Gemüse dann im Backofen 25 bis 30 Minuten backen. Die Minze waschen, trocken schütteln und fein hacken. Joghurt oder Frischkäse mit Minze verrühren und zum Gemüse servieren.

Kichererbsen

Kichererbsen enthalten rund 20 % Eiweiß, 40 % Kohlenhydrate und etwa 12 % Ballaststoffe, viel Vitamin B1, B6 und Folsäure. Der Mineralstoffgehalt an Magnesium, Eisen und Zink ist hoch. In der TCM werden Kichererbsen aufgrund ihres süßen Geschmacks und ihrer kühlenden Wirkung gerne bei Druckgefühl in der Brust eingesetzt. Die Kichererbsen wirken entspannend, stärken die Milz und befeuchten trockene Haut.

Gebackene Rote Rüben und Kartoffeln mit Filet

2 EL Butter
3 Kartoffeln
250 g Rinder- oder Hühnerfilet
2 EL Olivenöl

2 kleine Rote Rüben
1 Rosmarinzweig
6 Kapernbeeren
Schale einer Zitrone

1/2 EL Kümmel
Pfeffer aus der Mühle
1 Knoblauchzehe

1 Prise Salz
1 Tasse Wasser

Saft einer halben Zitrone
1/2 Bund Petersilie

Backofen auf 180 °C vorheizen.

Kartoffeln und Rote Rüben waschen, schälen und vierteln. Das Gemüse in eine Auflaufform geben und mit Kümmel, Pfeffer und Salz würzen. Eine Tasse Wasser mit dem Zitronensaft zum Gemüse geben, den Rosmarinzweig in das Gemüse legen und die Butter als Flöckchen gleichmäßig auf dem Gemüse verteilen. Das Gemüse im Backofen 30 bis 40 Minuten backen.

In der Zwischenzeit das Rinder- oder Hühnerfilet in Scheiben oder Schnitzel schneiden. Knoblauch schälen und durch die Knoblauchpresse drücken. Petersilie und Kapernbeeren fein hacken. Knoblauch mit Pfeffer, Salz, gehackter Petersilie, Kapern und Zitronenschale vermischen und das Fleisch damit gleichmäßig einreiben.

Olivenöl in einer Pfanne erhitzen und das Fleisch darin auf jeder Seite einige Minuten braten. Fleisch herausnehmen und den Bratrückstand mit etwas Wasser aufgießen.

Fleisch mit gebackenem Gemüse und Sauce anrichten.

Lamm-Ragout mit Gemüse-Couscous

250 g Lammfleisch aus der Schulter ohne Knochen
1 Handvoll Kohlsprossen

2 Zwiebeln
2 Knoblauchzehen
1/2 Lauchstange
4 Gewürznelken
4 Kardamomkapseln
1 Prise Muskatnuss, gemahlen
Pfeffer aus der Mühle

2 EL Sonnenblumenöl
1 Zimtstange
einige Safranfäden
1 EL Butter
2 Karotten

1 Prise Salz
Wasser
300 ml Gemüsebrühe

Saft einer Zitrone
100 g Couscous
1/2 Bund Petersilie

Lammfleisch von den Sehnen befreien und in Würfel schneiden. Zwiebel und Knoblauch schälen und in feine Ringe schneiden. Sonnenblumenöl in einem Topf erhitzen und Zwiebel mit Knoblauch anrösten. Dann mit Zimtstange, Safran, Gewürznelken, Kardamomkapseln, Muskatnuss, Pfeffer und Salz würzen. Mit Zitronensaft ablöschen und das Lammfleisch zugeben. Alles kräftig anbraten. Mit etwas Wasser aufgießen und bei mittlerer Hitze zugedeckt 40 bis 50 Minuten zu einem Ragout einkochen. Bei Bedarf etwas Wasser nachgießen.

In der Zwischenzeit Gemüse-Couscous zubereiten. Dazu die Karotten und den Lauch waschen, putzen und in dünne Scheiben schneiden. Kohlsprossen waschen und putzen. Gemüse entweder im Dampfgarer oder mit etwas Salzwasser weich kochen. Gemüsebrühe in einem Topf erhitzen, Couscous einrühren und bei kleiner Hitze 5 bis 7 Minuten aufquellen lassen. Bei Bedarf etwas Wasser nachgießen. Dann das Gemüse und die Butter unterrühren und mit einer Gabel auflockern.

Gemüse-Couscous und Lammragout anrichten und mit gehackter Petersilie bestreut servieren.

Knuspriges Brathuhn mit Kohl und Sesam-Kartoffeln

250 g Hühnerbrust mit Haut

Pfeffer aus der Mühle
1 Zwiebel
1 TL Dijon-Senf
1/2 TL Korianderkörner

1 Prise Salz
200 ml Gemüsebrühe

1/2 TL Paprikapulver

300 g Kartoffeln
4 EL Rapsöl
2 EL Sesamsamen
300 g Kohl
50 ml Schlagobers

Backofen auf 180 °C vorheizen.

Hühnerbrust waschen, trocken tupfen und mit Pfeffer, Salz und Paprikapulver einreiben. Backblech mit Backpapier auslegen und die Hühnerbrust darauf legen. Kartoffeln schälen, halbieren, vierteln und auf dem Backblech verteilen. Rapsöl mit Sesam, Pfeffer und Salz verrühren und die Kartoffeln damit bestreichen. Huhn mit Kartoffeln im Backofen 35 bis 40 Minuten knusprig braten. Die Kartoffeln hin und wieder wenden.

In der Zwischenzeit Zwiebel schälen und fein hacken. Kohl waschen und in dünne Streifen schneiden. In einem Topf die Gemüsebrühe erhitzen und Kohl mit Zwiebel darin für 10 bis 15 Minuten garen. Mit Schlagobers, Senf, Pfeffer und Salz abschmecken.

Huhn halbieren oder in Streifen schneiden und mit Kartoffeln und Kohl-Gemüse anrichten.

Linsen-Eintopf „Marrakesch“

3–4 Portionen

100 g grüne Linsen
500 ml Wasser
1 Prise Salz

4 Kartoffeln
2 Karotten
1 Zucchini
100 g Champignons

1 Zwiebel
2 Knoblauchzehen
Pfeffer aus der Mühle
1 EL Ingwer, gerieben
1 EL Koriander, gemahlen
1 EL Currypulver oder Garam Masala oder Fünfgewürz

200 ml Tomatenpüree oder gewürfelte Tomaten

1/2 EL Curcumapulver (Gelbwurz)

Linsen waschen und mit dem Wasser aufkochen. Zugedeckt bei mittlerer Hitze ca. 20 Minuten weich kochen. In der Zwischenzeit die Kartoffeln schälen und in Würfel schneiden. Karotten putzen und in Scheiben schneiden. Zucchini halbieren und in Halbkreise schneiden. Champignons putzen und in Scheiben schneiden. Zwiebel, Knoblauch und Ingwer fein hacken.

Kartoffeln und Karotten mit dem gehackten Zwiebel, Knoblauch und Ingwer zu den gekochten Linsen geben. Mit Koriander und Currypulver (oder Garam Masala oder Fünfgewürz) würzen. Bei Bedarf noch etwas Wasser zugeben und mit Salz abschmecken. Tomatenpüree oder gewürfelte Tomaten zugeben, mit Curcumapulver würzen und weitere 10 Minuten köcheln lassen. Zum Schluss Zucchini und Champignons zugeben, gut durchrühren und nochmals 5 Minuten kochen. Bei Bedarf nachwürzen.

Küchentipp

Als Beilage Reis oder Couscous servieren.

Kartoffelpuffer mit Brokkoli-Püree

1 kleiner Brokkoli
etwa 50 ml (Soja-) Schlagobers
6 Kartoffeln
1 Ei
Rapsöl zum Braten

1 Knoblauchzehe
1 kleine Zwiebel
Pfeffer aus der Mühle
1 TL Majoran, getrocknet

1 Prise Salz
1 Tasse Wasser
oder Gemüsebrühe

1/2 Bund Petersilie

1 Prise Muskatnuss, gemahlen

Brokkoli klein schneiden und mit Knoblauchzehe in 1 Tasse Wasser oder Gemüsebrühe aufkochen. 7 bis 10 Minuten kochen, bis der Brokkoli weich ist. Schlagobers oder Sojaobers unterrühren und mit dem Stabmixer pürieren. Das Püree mit Pfeffer und Salz abschmecken. Für die Kartoffelpuffer die Kartoffeln schälen und fein reiben. Zwiebel schälen und fein reiben. Die Kartoffel-Zwiebelmischung in einer Schüssel mit dem Ei verrühren und mit Pfeffer, Majoran und Salz würzen. Petersilie fein hacken und mit einer Prise Muskatnuss zur Kartoffelmasse geben. In einer beschichteten Pfanne etwas Öl erhitzen. Mit einem Löffel kleine Portionen der Kartoffelmasse in die Pfanne geben und flach drücken. Bei mittlerer Hitze die Puffer beidseitig goldbraun backen und dann mit dem Brokkoli-Püree anrichten.

Brokkoli

Brokkoli ist ein guter Lieferant für Beta-Carotin (Vorstufe von Vitamin A), Vitamine der Gruppe B, Vitamin C, Kalium, Kalzium, Phosphor und Eisen. Außerdem ist er reich an sekundären Pflanzenstoffen wie Flavonoiden, Indolen und Isothiocyanaten. Diese Stoffe sind wirksam gegen Krebs und kurbeln das Immunsystem an. In der chinesischen Küche werden nicht nur die grünen Röschen, sondern auch die fleischigen Stängel und Wurzeln verwendet. Dazu allerdings die harte Haut abschälen, dann schmeckt das innere knackig, fast wie grüner Spargel.

Reiscurry mit Banane

1 Tasse Rundkornreis
oder Mochi-Reis
1 EL mildes Currypulver

150 ml Kokosmilch
(oder 2 EL Kokosflocken)
4 EL Cashewnüsse
oder Mandeln
2 EL Honig
2 Bananen

1–2 Tassen Wasser

Saft einer halben Zitrone

Schale einer Zitrone
oder Orange

Reis mit Kokosmilch und einer Tasse Wasser aufkochen. Wenn Sie keine Kokosmilch verwenden, können Sie alternativ 2 Tassen Wasser mit 2 EL Kokosflocken und Reis aufkochen. Nach dem Aufkochen auf mittlere Hitze reduzieren und den Reis mit Cashewnüssen oder Mandeln, Honig und Currypulver würzen. Den Reis 10 bis 15 Minuten weich kochen. Bei Bedarf etwas Wasser oder Kokosmilch zugeben. Mit Zitronensaft und geriebener Zitronen- oder Orangenschale abschmecken. Bananen schälen, in dünne Scheiben schneiden und unter den Reis rühren. Heiß servieren.

Süßreis

Mochi – auch Süßreis genannt – ist eine klebrige, eiweißreiche Reisart, die sich besonders für die Herstellung von Süßspeisen eignet. Wegen seiner natürlichen Süße und seiner sättigenden Wirkung ist Mochi für das Frühstück sehr zu empfehlen. Für Menschen mit geschwächter Konstitution ist Mochi geradezu ideal, da er stärkt und leicht verdaulich ist. Empfohlen wird Mochi auch bei Blutarmut, Blutzuckerschwankungen und Verdauungsschwierigkeiten. Bei Schwangeren und Stillenden ist er als stärkende und leicht bekömmliche Speise beliebt. Außerdem soll Mochi die Milchproduktion anregen. Eine spezielle Zubereitungsform ist Beifuß-Mochi (Yomogi-Mochi), wo der Reis mit wild wachsenden Beifußkraut zubereitet wird. Er ist besonders eisen- und kalziumreich und wird seit jeher Frauen nach der Entbindung gereicht.

Mandel-Hirse mit Kompott aus Trockenfrüchten

1 Handvoll Trockenfrüchte (Marillen, Dörrpflaumen, Datteln, Rosinen, ...)
70 g Hirse
40 g Mandeln
2 EL Honig

250 ml Wasser
1 Prise Salz
Wasser zum Einweichen der Trockenfrüchte

1 TL Ingwer, gerieben
4 Gewürznelken

Saft einer halben Zitrone

1/2 EL Orangenschale

Trockenfrüchte mit etwas Wasser über Nacht einweichen.

250 ml Wasser erhitzen und Hirse mit Ingwer und einer Prise Salz aufkochen. Zugedeckt bei kleiner Hitze für 15 bis 20 Minuten weich kochen.

In einem weiteren Topf die eingeweichten Trockenfrüchte mit dem Einweichwasser, der Orangenschale und den Gewürznelken aufkochen. Für 5 bis 10 Minuten zu einem Kompott einkochen.

Mandeln grob hacken. Die gekochte Hirse dann mit den gehackten Mandeln und dem Honig vermischen. Hirse auf zwei Schüsseln aufteilen und das Kompott dazu servieren.

Hirse

Hirse hat eine erfrischende Wirkung. Durch die Kombination mit den wärmenden Trockenfrüchten und Nelken ist sie aber ein tolles Wintergericht, weil sie die Mitte (Milz und Magen) stärkt und auch Herz- und Nierenkrankheiten vorbeugt.

Couscous mit Äpfeln und Preiselbeeren

2–3 Tassen Wasser

1 Tasse Couscous
2 EL getrocknete Preiselbeeren

2 Äpfel
2 EL Mandelmus oder geriebene Mandeln
1 Prise Zimtpulver

1 TL Ingwer, gerieben

1/2 EL geriebene Zitronen- oder Orangenschale

Wasser erhitzen. Couscous in einer Schüssel mit getrockneten Preiselbeeren und geriebener Zitronen- oder Orangenschale vermischen und mit heißem Wasser aufgießen.

Kurz durchrühren und 5 bis 10 Minuten stehen lassen. Bei Bedarf noch etwas heißes Wasser nachgießen.

Die Äpfel schälen und klein schneiden. Die Apfelstücke mit dem Mandelmus oder geriebenen Mandeln, Zimt und Ingwer zum Couscous geben und bei Bedarf mit Honig süßen.

Rezepte von A bis Z

Lexikon österreichisch – deutsch

Blaukraut – Rotkohl
Eidotter – Eigelb
Eiklar – Eiweiß
Faschiertes – Hackfleisch
Fisolen – grüne Bohnen
Holler – Holunder
Karfiol – Blumenkohl
Karotte – Möhre, Mohrrübe
Knödel – Kloß
Kohl – Wirsing
Kohlsprossen – Rosenkohl
Kren – Meerrettich
Lauch – Porree
Marillen – Aprikosen
Marmelade – Konfitüre
Maroni – Esskastanie
Melanzani – Aubergine, Eierfrucht
Nockerl – Klößchen
Orangen – Apfelsinen
Polenta – Maisgrieß
Püree – Mus
Ribiseln – Johannisbeeren
Rosinen – getrocknete Weinbeeren
Rote Rüben – Rote Beete, Randen
Sauerrahm – Schmand, saure Sahne
Schlagobers – süße Sahne
Semmelbrösel – Paniermehl
Staubzucker – Puderzucker
Topfen – Quark
Vogerlsalat – Feldsalat, Rapunzel
Weißkraut – Weißkohl
Zwetschken – Pflaumen

Verwendete Literatur

- Claudia Nichterl:
  5-Elemente-Küche, Essen zum Wohlfühlen
  AVBuch, Wien, 2007
- Claudia Nichterl:
  Die 5-Elemente-Küche – vegetarisch
  AVBuch, Wien, 2007
- Claudia Nichterl:
  Power Frühstück – Energie für den ganzen Tag
  AVBuch, Wien, 2005
- Claudia Nichterl:
  Die 5-Elemente-Küche zum Abnehmen
  AVBuch, Wien, 2008
- Karin Stalzer, Christine Szalai:
  Was den einen nährt, macht den anderen krank
  Verlag Windpferd, 2007
- Liane Dirks:
  Das Buch vom strahlenden September
  Verlag sanssouci, 2007
- Liane Dirks:
  Das Buch vom goldenen Oktober
  Verlag sanssouci, 2007
- Liane Dirks:
  Das Buch vom besinnlichen November
  Verlag sanssouci, 2007
- Susanne Hornfeck, Nelly Ma:
  Gesund leben nach dem chinesischen Kalender
  dtv, 2007

Adressen und Bezugsquellen

Dr. Claudia Nichterl
www.essenz.at bzw. beratung@essenz.at
Eine 5-Elemente-Tabelle zu Thermik und Geschmack von Lebensmitteln finden Sie kostenlos zum Download unter www.essenz.at/Tabelle.

5-Elemente-ErnährungsberaterInnen
in Deutschland und Österreich
www.5-elemente-ev.de, www.tcm-ernaehrung.at

Bildquellen

Umschlag: Uwe Urbann
Inhalt: Uwe Urbann (sämtliche Fotos)
Vielen Dank an die Firma **Compostella,** die Geschirr und Dekorationsmaterial zur Verfügung gestellt hat.
www.compostella-homestore.at

Impressum

Druck- und Verlagsges. m. b. H. Nfg. KG
Sturzgasse 1A, A-1141 Wien
E-Mail: buch@avbuch.at, Internet: www.avbuch.at

Die Deutsche Bibliothek – CIP-Einheitsaufnahme
Die Deutsche Bibliothek verzeichnet diese Publikation in der Deutschen Nationalbibliografie; detaillierte bibliografische Daten sind im Internet über http://dnb.ddb.de abrufbar.

Projektleitung: Brigitte Millan-Ruiz, avBUCH
Redaktion: Rosemarie Zehetgruber – gutessen consulting, Wien
Umschlag & Layout: Ravenstein + Partner, Verden
Satz: armanda,geisler Wien
Bildreproduktion: Hantsch & Jesch PrePress Services OG, Wien

Druck und Bindung: Westermann Druck, Zwickau
Printed in Germany

ISBN 978-3-7040-2303-2